나는 더이상 행복을 미루지 않기로 했다

나는 더 이상 행복을 미루지 않기로 했다

초판 1쇄 인쇄 2016년 8월 22일
초판 1쇄 발행 2016년 9월 2일

지은이 전영철
발행인 임채성
디자인 산타클로스

펴낸곳 도서출판 루이앤휴잇
주 소 서울시 양천구 목동 923-14 드림타워 제10층 1010호
전 화 070-4121-6304   **팩 스** 02)332-6306
메 일 pacemaker386@gmail.com
카 페 http://cafe.naver.com/lewuinhewit
블로그 http://blog.naver.com/asra21, http://blog.daum.net/newcs

출판등록 2011년 8월 30일(신고번호 제313-2011-244호)

종이책 ISBN 979-11-86273-15-9   13320
전자책 ISBN 979-11-86273-16-6   15320

나는 더 이상 행복을 미루지 않기로 했다

전영철 지음

루아앤휴잇

삶의 가장 중요한 순간
깨달은 행복의 지혜

누구나 젊고, 잘 나갈 때는 앞만 보며 달려간다. 누군가가 앞을 가로막고 서서 '이건 아니다'라고 해도 전혀 듣지 않고, 오직 자기밖에 모른다. 그러다가 인생의 중요한 순간, 결정적인 순간이 오면 비로소 깨닫는다. 그때가 나이로 치면 바로 마흔 즈음이다.

마흔은 젊은 날의 화두가 다시 말을 걸어오는 시점이다. 나이가 들면 자연스럽게 해결될 줄 알았던 문제들이 여전히 남아 있다는 깨달음이 그 출발점이 된다. 이에 자연스럽게 자신이 걸어온 길, 그리고 지금 서 있는 자리를 살펴보고, 자신을 스스로 인정하는 위로의 시간을 맞이할 수밖에 없다.

1997년, 우리에게 깊은 상처를 남긴 IMF 사태는 참 많은 걸 바꿔놓았다. 어느덧, 중견 사원이 되었던 내게도 후배 사원들이 꽤 생겼을 무렵이었다. IMF의 후폭풍을 예견했던 사업부장은 어려운 결단을 내려야만 했고, 곧 구조조정과 함께 인원 감축이 시작되었다. 다행히 나는 팀의 막내가 되어 겨우 살아남았지만, 적지 않은 선배와 후배가 다른 곳으로 이동하거나 회사를 그만둬야 했다.

그런데 이게 웬일인가. 살아남아서 다행이라고 생각하며 가슴을 쓸어내렸는데, 불과 일주일을 채 넘기지 못하고 가슴이 쓰리고 마음이 아파져 왔다. 선후배들이 떠날 때는 몰랐는데 그 일로 깊은 내상을 입고 만 것이다. 그 결과, 아무도 대답할 수 없는 질문을 나 자신에게 던지며 매우 힘들어했다.

'왜! 나는 여기 있는 건데?'

'그 선배와 후배는 뭐가 모자라서 내보낸 건데?'

상처 입은 동물이 자신을 스스로 치유해야 하듯이 삶에 대한 고민은 그렇게 시작됐다.

생각건대, 그때 온실 바깥이 어떻다는 사실을 처음으로 배운 듯하다. 누구도 내게 강제로 뭔가를 시킨 적이 없다. 선택은 나 자신의 몫이었기 때문이다. 하지만 항상 누군가를 원망하거나, 누군가에게 감사해야 했다. 사회에서는 그렇게 해야 한다고 배웠기 때문이다. 그러다 보니 마음이 불편할 때 어떻게 해소해야 할지 몰랐다. 주변에 만만한 사람이 있을 때는 그 사람을 타박했고, 그렇지 않을 때는 나 자신을 탓했다. 참 미련하게 살았다.

나는 뭔지 모를 조급함에 쫓기고 있었다. 멀리 있는 풍경은 잘 보이는

데 반해, 정작 아주 가까이 있는 소중한 것들은 보이지 않았다. 그러다 보니 함께하는 사람들의 얼굴을 마주하며 마음을 살필 겨를이 없었고, 계절을 따라 피고 지는 소중한 자연의 변화 역시 모른 채 지나가기 일쑤였다. 이런저런 경험을 쌓고, 바쁘게 사느라 정신없이 살아왔기 때문이다. 그러던 어느 순간, 나 자신이 갑자기 두려워지기 시작했다. 이러다가는 내 인생의 속도를 견디지 못한 나머지 넘어질 수도 있겠다는 생각이 들었기 때문이다. 그때부터 나는 인생의 속도를 줄이기로 했다.

내려갈 때 보았네
올라갈 때 보지 못한
그 꽃

고은 시인의 〈그 꽃〉이라는 시다. 단, 세 줄의 매우 짧은 시지만 그 속에는 삶에 대한 깊은 성찰이 담겨 있다.

이 책을 쓰면서 지난날 삶의 상처들이 아름답게 승화되는 것을 느꼈다. 모진 풍파를 겪은 사람들의 이야기, 큰 상처를 보듬고도 넉넉한 마음으로 살아가는 사람들의 삶을 정리하며, 반복해 들을수록 삶에서 중요하게 여겨야 할 가치와 삶에 대한 자세를 배울 수 있었다.

비록 이 책이 내 목소리를 타고 나오긴 했지만 동시대를 살아가는 사람들이 느끼는 삶과 서로에게서 배워야 할 점을 담았다는 점에서, 이 시대를 함께 살아가는 사람들 모두가 함께 썼다고 해도 과언이 아니다.

지금까지 내가 중심이 되지 못한 채 다른 사람을 위해서 살았고, 앞만 보고 달려왔으며, 이런저런 경험을 쌓느라고 정신없이 살아왔다. 하지만 이제부터는 나를 중심에 두고, 그동안 깨달은 소중한 삶의 지혜를 기반으로 행복한 삶을 즐기리라. 즉, 지금까지 시속 100킬로미터로 달려왔다면, 이제부터는 시속 1센티미터로 살아갈 것이다.

너무 빨리 달려가려고 애쓸 필요 없다. 그보다는 허겁지겁 달리느라 놓치고 살았던 소중한 것들을 돌아보고, 조급함을 내려놓아야 한다. 행복은 거기에서부터 시작된다.

거친 호흡을 가다듬고 자신과 주변을 돌아보자. 조급함을 내려놓고 내 인생의 속도를 조절하자. 그러면 일상 속에 감춰졌던 작은 행복을 발견할 수 있을 것이다.

이 결과물이 우리 모두의 더 행복한 삶을 위해 도움이 되기를 바란다.

- 구름산 자락에서 전영철 드림

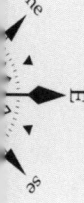

제3장

결국은 가족밖에 없다

제4장

어제보다 더 행복한 오늘을 위해

"지금까지 시속 100킬로미터로 달려왔다면
이제부터는 시속 1센티미터로 살아가리라."

제1장

마흔, 나를 돌아볼 시간

중년 이후 다른 사람들에게
자신의 꿈을 말한다는 것은,
그것 자체만으로도 큰 의미가 있다.
아직도 내가 꿈을 소중하게 생각하며,
그것을 이루기 위해
열심히 살고 있다는 것을 증명하기 때문이다.
그래서 꿈을 가진 중년을 보면
그렇게 멋있어 보일 수가 없다.
성공의 정의는 여러 가지가 있다.
하지만, 나는 '목표를 향해 나아가는 과정'
그 자체가 성공이라고 생각한다.
더 이상 다른 사람들의 눈치를 보거나 조건만 보면서
진로를 결정해선 안 된다.
지금까지 충분히 그렇게 살아왔다면,
이제부터는 나만의 보물지도를 만들어 나아가자.

사십 대라서, 가장이라서,

가족을 부양해야 하기 때문에,

꿈은 감히 생각할 수도 없다고 하는 건

바퀴 없이 엔진만으로 주행하겠다는 것과도 같다.

그렇게 되면

한 발짝도 나가지 못한 채

같은 자리에서 헛심만 쓸 뿐이다.

01

내 안에 숨겨진 진짜 나를 찾자

어린 시절, 광부 일을 하시던 아버지를 따라 강원도 삼척에 있는 도계 탄광 근처에 산 적이 있다. 그 시절 방 안에는 남폿불이 대롱거리며 달려 있었다. 비록 어둡긴 했지만, 남폿불의 그림자가 어른거리는 게 유난히 좋았었던 기억이 난다. 하지만 워낙 산이 깊고, 북쪽이 가까웠기 때문에 행여 무장공비가 나타나지는 않을까 하는 두려움이 마음 한구석에 항상 있었다. 그래서인지 예비군 훈련이 유독 많았다. 이에 아버지 역시 가끔 예비군복을 입고 집에 들어오곤 했다.

집 근처에는 개울이 흘렀고, 마당 건너에는 야산이 있었다. 밤이 되면 산은 완전히 시커멓게 변했고, 밤하늘에 겹친 능선은 실루엣만 보였다. 그리고 그 아래는 온통 먹물이었다. 인적이라고는 전혀 느낄 수 없는 산이 집 바로 앞에 있어서 어린 마음에 겁이 많이 났다.

초등학교에 입학하기 전, 산이 가린 좁은 하늘을 날아가는 비행기를 보며 조종사가 되겠다고 다짐했다. 이에 세발자전거를 뒤집어 놓고 비행기 정비 놀이를 하며 꿈을 키우곤 했다.

　초등학교 때는 꿈이 과학자로 바뀌었다. 중학교 때는 특별한 꿈이 없었다. 사춘기였고, 꿈보다는 성적과 이성 문제로 고민이 많았기 때문이다. 그러다가 고등학교 진학 후에는 교사가 되고 싶다는 생각이 강렬해졌다. 그러나 막상 대학 진학 때는 남들이 하는 대로 성적에 맞춰 진학하고 말았다.

　입대 시기가 가까워져 오자 장교가 되고 싶다는 생각에 ROTC에 지원하기도 했다. 대학을 졸업할 무렵에는 성직자가 되고 싶었다. 또 회사에 입사해서는 엔터테인먼트 분야에서 일하고 싶었다. 결국, 엔지니어가 되고 말았지만. 그러다가 다시 교사가 되고 싶었고, 취미로 즐기던 목공예에 빠져 목수가 되려고도 했다.

　지금은 글 쓰는 작가가 되는 것이 꿈이다. 종횡무진 꿈이 바뀐 셈이다.

　돌이켜보니, 내 꿈은 끊임없이 진화했다. 도대체 나의 진짜 꿈은 무엇일까.

　그때그때 상황과 기분에 맞춰 내 꿈은 변화해왔다. 하지만 분명하게 말할 수 있는 건 그것 역시 내가 진짜 원하던 것은 아니라는 것이다. 그렇다면 진짜 내 꿈은 과연 무엇이며, 나는 어떤 일이 하고 싶은 것일까.

　고3 아이들을 대상으로 한 첫 수업에서 장래에 관한 이야기를 하던 중 우연히 꿈을 설명하기 위해 그림을 그린 적이 있다. 아이들에게 꿈이 중요하다는 메시지를 주려는 의도였다. 이를 통해 아이들에게 목표를 갖는 것이 얼마나 중요한지 말하고 싶었다. 하지만 그걸 바라본 순간, 내가 먼저 깨닫고 말았다. 내 꿈은 그중 어느 것도 아니라는 것을.

파일럿에서 작가에 이르기까지 공통으로 지향하는 것이 보였다. 그렇다. 내가 원했던 건 '전문적인 역량을 갖춘 영향력 있는 사람'이 되는 것이었다. 어느 직업에 종사하고 싶었던 게 아니었다.

그때그때 지나갈 때는 애만 태우던 꿈이 긴 시간을 흘려보낸 뒤에야 비로소 그 실체를 드러낸 것이다. 모두가 소중한 꿈이었지만 단면에 불과했다. 그런 직업들을 통해 나를 표현하고 싶었을 뿐이었다.

세월이 지나면서 데이터가 켜켜이 쌓였고, 그것들이 가리키는 방향을 쳐다보니, 거기에 내가 정말 원했던 모습이 있었다. 결코, 한순간에는 알 수 없는.

《치유의 글쓰기》를 쓴 셰퍼드 코미나스는 이렇게 말한 바 있다.

"'아직은 아니야'라고 생각하면서 행동을 차단하는 습관을 버려라. '아직은 아니야'라고 생각하는 한 인생을 위협하는 파도 더미를 결코 이겨낼 수 없다. 이보다 더 불행한 일은 부인하고 피할수록 파도 더미는 더욱 커진다는 사실이다. '아직은 아니야!' 증후군에서 벗어나려면 당신이 생각만 하고 행동을 미뤄왔던 목록을 만드는 일로부터 시작하면 좋다. 그런 목록을 작성하는 데 유용한 테마로는 '이루지 못한 꿈, 마무리하지 못한 일, 호기심을 가졌던 것들, 좋아하는 일과 싫어하는 일, 내 힘으로는 할 수 없었던 일들'이 있다."

대학 졸업반 때 한 수녀님과 인연을 맺은 일이 있다. 수녀님은 내게 수도회에 들어오라고 권유했다. 주일학교 교사를 하면서 성직자가 되려는 꿈을 간직하고 있었을 때라 매우 진지하게 고민했다. 십이지장에 궤양이 생길 정도로.

고심 끝에 들어가지 않기로 한 후 이를 수녀님께 말씀드렸다. 그러자 수녀님은 이렇게 물었다.

"지금까지 진지하게 잘 해왔는데, 왜 그렇게 결정했어요?"

"성공하고 싶어요."

그러자 수녀님이 다시 물었다.

"성공이 과연 뭔데요?"

말문이 막혔지만 그렇다고 한번 결심한 뜻을 접을 수는 없었다. 겉으로는 계속 떠들고 있었지만, 마음속으로는 알고 있었다. 수녀님의 질문에 딱히 답할 말이 없다는 것을.

수녀님이 말씀하신 성공은 과연 무엇이었을까. 종교적인 답이었을까. 혹시 자신답게 살라는 의미는 아니었을까.

나이가 들어 돌이켜보니, 성공이란 목표를 성취하기 위해 노력하는 과정을 의미한다는 걸 알게 되었다. 이미 이루어진 결과가 성공이라면 너무나 그 의미가 작기 때문이다. 나아가 성공적인 삶이란 노력하는 삶을 의미한다고 할 수 있다.

지리산 정상에 서는 방법은 여러 가지다. 산 아래서 한 걸음 한 걸음 올라갈 수도 있고, 헬리콥터를 타고 정상에 내릴 수도 있다. 그렇다면 어느 쪽이 진정한 성공이라고 할 수 있을까. 또 재벌가의 자제가 사장이 되고, 회장이 된 것과 밑바닥으로부터 시작해서 사장이 된 사람은, 과연 어느 쪽을 성공이라고 할 수 있을까.

지리산 꼭대기에 서 있다고 해서 반드시 성공이라고 할 수는 없다. 핵심은 내가 올라갈 산이 어느 산인지 알아야 하기 때문이다. 그다음에 한 걸음 한 걸음씩 그 산을 올라야 한다. 그 과정이 바로 성공이다. 그저 흘러가는 대로, 남들이 오르는 대로, 누군가가 시키는 대로 아무 산이나 오르는 것은 아무런 의미가 없다.

도미니크 던(Dominick Dunne)은 《스누피의 글쓰기 완전정복》에서 이렇게 말한 바 있다.

"나는 늦깎이 작가야. 나는 쉰 살에 처음 글을 쓰기 시작했어."

이에 자신을 보며 용기를 얻을 사람들이 많을 것이라고 했다.

나는 그 이야기를 읽으며 누구보다도 더 기뻤다. 그는 나보다 더 열악한 환경에서 글을 쓰기 시작했고, 결국 작가가 되었다. 그러니 나라고 안 되라는 법은 없다.

어린 시절부터 수많은 시간 동안 꿈을 찾아 헤맸다. 하지만 내 꿈에 확신을 하게 된 건 마흔을 넘기면서부터다. 그때까지 내 꿈이라고 여겼던 것들을 한군데 모은 후 그것을 차근차근 살펴본 뒤에야 비로소 그 사실을 알게 되었다.

살다 보면 이런저런 강연회에 참석할 일이 더러 생긴다. 일부러 참석했건, 우연히 듣게 되었건 간에 강연회 도중 강사가 꿈을 묻거든 "그런 거

없다"며 절대 손사래 치지 말자. 자녀들이 "꿈이 뭐냐?"고 묻거든 "우리 가족의 행복"이라며 비겁하게 더는 도망가지 말자.

자, 지금 A4 용지 한 장을 꺼내자. 그리고 그 위에 어린 시절부터 지금까지 흥미를 느꼈던 직업과 일들을 적어보자. 그걸 쭉 모아놓고 보면 지향점이 몇 군데로 모이게 된다. 젊은 시절에는 결코 할 수 없는 일이다. 하지만 이제는 가능하다. 내 안에 숨겨져 있는 나의 진정한 모습을 발견할 수 있기 때문이다. 가슴이 상당히 울렁거릴 수도 있다. 그렇다면 그것이 바로 내가 정말 간절히 원하고, 하고 싶은 꿈이다.

02

나를 밝히기를 주저하지 말자

살면서 편리한 사실을 하나 알게 되었다. 어떤 일을 하려고 할 때 아내나 아이들 핑계를 대는 것이다.

"그러게, 나는 좋은데 집사람이 별로 안 좋아해서."

"나 먼저 일어날게. 애들이 아픈데."

이런 말을 들으면 흔쾌하지는 않지만, 왠지 마음 한구석이 찜찜하다. 그래서 상대가 원하는 대로 하라고 하는 수밖에 없다.

나 역시 그런 말을 여러 번 듣다 보니 '이거 괜찮네!'라는 생각이 절로 들었다. 효과도 꽤 있었다. 그러나 "바늘 도둑이 소도둑 된다."고 너무 자주 사용하다 보니 스스로 발목을 잡히는 일이 일어나고 말았다.

어느 날 저녁, 친구들과 가족 모임이었다. 그런데 하필이면 그날따라 몸살 기운이 있어서 집에 일찍 들어가고 싶은 마음이 굴뚝같았다.

망설이다가 친구에게 전화를 걸었다.

"집사람이 몸이 좀 안 좋아서, 오늘 못 갈 것 같아."

순간, 아뿔싸! 라는 생각이 들었다. 가족들도 같이 모인다는 사실을 깜박 잊은 채 늘 하던 대로 집사람 핑계를 대고 만 것이다.

아니나 다를까, 친구는 매우 황당해했다.

"야, 그게 무슨 말이야. 너희 식구들 벌써 다 왔어!"

결국, 그날 모임은 웃음바다가 되고 말았다. 말도 안 되는 내 핑계가 주제였음은 물론이다. 그냥 몸이 안 좋아서 못 간다고 하면 될 걸, 괜히 망신만 자초한 셈이다.

나를 밝히기가 왜 그리 어려운 걸까. 또 우리는 왜 그렇게 자신을 밝히는 사람들에게 인색한 걸까.

과연 지금까지 하고 싶은 일을 마음껏 해본 게 얼마나 될까. 찬찬히 손을 꼽아보니 거의 없다. 누군가가 바라는 일을 열심히 해본 적은 있지만, 스스로가 원해서 했던 일은 거의 해본 적이 없기 때문이다. 실례로 중·고등학교에 다닐 때는 공부를 열심히 했다. 하지만 그때뿐. 대학 진학 후에는 다시 베짱이 모드로 되돌아가고 말았다. 그러니 부모님이나 선생님이 하라고 할 때만 열심히 한 셈이다.

영화 〈버킷 리스트〉에서 암을 선고받은 자동차 수리공 모건 프리먼과 억만장자 잭 니콜슨은 우연히 같은 병실을 쓰게 되면서 친구가 된다. 이에 두 사람은 꿈 리스트를 만들며 하나씩 이루어 나가자고 약속한다. 하지만 주위 사람들은 생각이 달랐다. 꿈같은 걸 이루는데 집착하지 말고

병을 치료하는 데 집중하라는 것이었다. 하지만 그들은 꿈 이루기를 절대 멈추지 않았다. 그런 그들의 모습이 더없이 인간적이고 존엄해 보이기까지 했다.

묻고 싶다. 지금까지 하고 싶은 일을 못 하게 했던 사람이 정말 있었는지. 그게 아니라면 우리 스스로가 우리의 성장과 발전을 막은 셈이다.

내게 물리적인 영향력을 직접 행사한 사람은 없다. 하지만 꿈을 비난하거나, 비아냥거리며, 부정적인 피드백을 준 경우는 적지 않다. 그런 반응을 보며, 나는 위축이 되었고, 스스로 꿈을 포기했다.

어느 날, 친구와 함께 차를 타고 갈 때였다.

"와! 저 오토바이 멋있지 않아?"

가죽 재킷에 검정 부츠를 신은 남자가 할리 데이비드슨 오토바이를 몰고 있었다. 그 모습이 마치 영화의 한 장면 같았다. 그러자 친구가 물었다.

"저거 얼마나 할까?"

"삼천만 원쯤 한다더라."

나는 알고 있는 지식을 총동원해 가며 그 오토바이에 대해서 이런저런 말을 꺼내놓았다.

그러자 친구는 핀잔 아닌 핀잔을 늘어놓았다.

"야! 괜히 제수씨 과부 만들 생각하지 말고 차나 잘 타고 다녀. 나이 먹고 무슨 오토바이냐? 네가 사춘기에 접어든 십 대냐!"

뭐라고 대꾸하고 싶었다. 하지만 '그렇지?'라며 미소만 흘리고 말았다. 반면, 친구 녀석은 득의양양한 표정이다. 모처럼 친구 노릇 한 번 했다는듯.

　신중하게 주변 사람들의 조언을 듣는 것은 좋은 일이다. 하지만 자신이 오랫동안 꿈꿔왔던 소중한 꿈을 빼앗긴다면 사정이 다르다. 과연, 그들은 당신의 꿈에 대한 열망에 관해서 어느 정도나 알고 있을까. 사실 그들이 알고 있는 정보의 폭이나 깊이는 그리 대단하지 않은 경우가 많다. 그러다 보니 단편적인 지식이나 정보만으로 충고하는 경우가 대부분이다. 그런 점에서 당신이야말로 그 분야에 오랜 기간 관심을 두고 지켜본 진정한 전문가라고 할 수 있다.

　꿈을 위해 모든 걸 희생하는 게 결코 행복한 삶은 아니다. 그러니 누군가가 잘 알지도 못하면서 전달하는 부정적인 피드백에 깜짝 놀라 자라목처럼 움츠러들거나 흔들리지 말자. 나아가 누구도 나를 대신해서 살아주진 않는다. 왜 내 삶을 다른 사람의 꿈과 말로 채우려고 하는가. 내 삶은 다른 사람이 아닌 나의 모든 것으로 채워야 한다.

확실한 목표를 정하자

목표 없는 삶은 과연 어떤 문제가 있을까? 라는 주제로 토론을 한 적이 있다. 참가자 대부분이 40대와 50대였는데, 유일하게 한 사람만 20대 대학생이었다. 돌아가며 의견을 교환하던 중 20대 참가자가 발표할 차례가 되었다. 그는 자신의 의견 대신이라며 어느 책에서 읽었다는 이야기를 소개했다.

"어떤 학생이 있었습니다. 어느 날 중요한 시험을 치러야 하는데 지각을 하는 바람에 시험을 놓치고 말았습니다. 왜 늦었냐고 다그치는 선생님에게 그는 자초지종을 털어놓았습니다. "학교에 오는 길에 500원짜리 동전이 떨어져 있는 걸 보고 주우려고 했는데, 잃어버린 사람이 동전을 찾고 있었어요. 같이 찾아주는 척했지만, 실은 동전을 갖고 싶어서 발로 밟고 있었습니다. 그러다가 좀 늦고 말았습니다. 죄송합니다." 학생의 이야기를 들은 선생님은 너무도 어이가 없었습니다. 단지 500원 때문에 너무도 소중한 기회를 놓치고 말았기 때문입니다. 저는 목표 없는 삶에는 이런 문제가 생긴다고 생각합니다. 중요한 목표가 무엇인지 명확히 하지 않았기 때문에 엉뚱한 곳에 시간과 에너지를 낭비하게 된 것이죠."

발표가 끝나자, 그 자리에 있던 사람들은 모두 입이 딱 벌어지고 말았다. '목표 없는 삶'에 대한 탁월한 비유를 들려준 이가 불과 20세의 가장 어린 학생이었기 때문이었다. 하지만 더 큰 감동은 그 다음이었다.

그는 다음과 같은 멋진 질문으로 다시 한 번 우리를 숙연케 만들었다.

'당신은 지금 어떤 동전을 밟고 있습니까?'

나이가 어리다고 은근히 아래로 깔고 무시하는 사람을 여럿 봤다.

탁월함은 주전자에서 끓는 물과도 같다. 아무리 감추고 숨기려고 해도 결국은 뚜껑을 들썩거리게 하고 수증기로 뿜어져 나와 그 존재가 알려지게 마련이다. 혹시 나보다 직급이 낮거나 나이가 어리다는 이유만으로 다른 사람의 역량을 얕보지는 않았는가. 또 먼저 입사했다는 이유만으로 후배보다 더 많은 혜택을 누려야 한다고 생각하지는 않았는가. 과연 이에 대해 '아니다'라고 자신 있게 말할 수 있는 사람은 얼마나 될까. 그렇다면 다음 질문에 답해보자.

회식자리에서 가운데 앉지 못하고 말석에 앉으면 마음이 불편하지 않은가. 사무실에 떨어진 쓰레기를 주운 적이 있는가. 회의에서 배포할 자료를 직접 복사하고 스테이플러로 묶은 적이 있는가. 회의 때마다 나와 다른 의견을 줄기차게 주장하는 후배를 마음 편하게 대할 수 있는가.

"사람들을 비난하기 전에 그들을 이해하려고 노력하자. 또 그들이 왜 그런 행동을 하는지 곰곰이 생각해보자. 아마 비판보다 훨씬 더 유익하고 흥미로울 것이다. 또한, 그렇게 할 때 우리는 사람들에 대해 공감할 수 있으며, 관용을 보이고, 또 친절을 베풀 수 있다. 모든 것을 알게 되면 모든 것을 용서하게 된다. 영국의 위대한 문호 존슨 박사는 이렇게 말했다. "하느님도 죽기 전까지는 사람을 심판하시지 않는다." 하느님도 이럴진대, 우리야 말해 뭐하겠는가!"

-《데일 카네기 인간관계론》 중에서

40대는 조직에서 허리에 해당한다. 단순히 직급상 위치가 중간이기 때문에 허리라고 하는 게 아니다. 허리는 강하기도 해야 하지만 유연하기도 해야 한다. 더욱이 머리와 멀리 떨어진 손과 발을 강하게 결속시키고 유연하게 완충시켜야 할 의무가 있다. 실제로 그런 일은 여기저기서 아주 많이 일어난다. 조직을 강하게 결속시키려면 기강을 유지해야 한다. 규정을 철저히 지키는 것이 가장 쉬운 예다. 출퇴근 시간 기강도 잡아야 하고, 팀워크에 대한 기강 역시 중요하다. 그러니 잔소리할 일이 많아질 수밖에 없다.

하지만 직위가 높아지다 보면 규정상 어쩔 수 없이 처리한다 해도 개인적으로 마음 쓰는 일이 많아질 수밖에 없다. 규정상 월차 결재는 못 해준다고 큰소릴 뺑 치고는 몰래 불러서 외근을 보내주는 상사, 그만둔다며 며칠씩 무단결근하는 신입사원을 임의퇴직으로 처리해도 그만인 걸 집까지 찾아가서 다독이는 상사, 승진에서 빠진 후배에게 해외출장 기회라도 챙겨주려고 동분서주하는 상사가 의외로 많다.

조직의 허리로서 업무 처리에서는 냉정할 수 있지만, 함께 고생한 사람들을 칼로 무 자르듯이 쉽게 자를 수는 없는 것이 현실이다. 그래서 많은 부장이 부자가 되지 못하고, 임원이 되지 못하는 것인지도 모른다. 직장 상사의 연령대가 높은 건 그래서가 아닐까 싶다. 이런저런 의견을 통합하고 조율하려면 여러 사람의 입장과 의견을 이해하는 역량이 필요하니 말이다.

요즘은 똑똑한 후배들이 많다. 예전처럼 연공서열식으로 전해지는 정보도 거의 없다. 또 대부분의 정보가 실시간으로 전해진다. 그러다 보니 정보를 접하는 면에서 선배보다 앞서는 후배가 많다. 그걸 막을 수도 없고, 통제할 수도 없다. 따라서 자신의 리더십을 따라주지 않는다고 후배를 탓할 일도 아니다. 그만큼 지금은 개성과 유연성이 중요한 시대다.

후배에게 무조건 관용을 베풀라는 얘기가 아니다. 선배의 모습이 물에 물 탄 듯, 술에 술 탄 듯해서야 되겠는가. 때로는 벌처럼 쏘아주기도 해야 한다. 하지만 선배에게서 관대함이 빠지면 터치 기능 없는 아이패드와 다를 바 없다는 사실을 명심할 필요가 있다.

04

가슴이 혹할 꿈을 갖자

가끔 시를 읽는다. 그렇다고 일부러 시집을 사서 읽는 것은 아니다. 시라고는 고등학교 교과서에서 배운 게 전부다. 그나마도 시를 뜯고 해체하는 수준에서 아는 것으로, 시인의 원래 의도에 관해서는 전혀 알 수 없다. 단순히 시험문제를 풀기 위해서 공부한 것에 불과하기 때문이다.

지금 내 마음을 시로 표현하라면 자신 있게 이렇게 말할 수 있다.

"못하겠는데요."

이렇게 어렵고 특별하게 여겨지는 시를 지인이 선물한 책을 통해 다시금 음미할 수 있었다. 처자식 부양하기 바쁘고, 자기 살길 찾느라 눈이 시뻘건 중년에게 시가 특별한 감흥을 줄 리 없다. 하지만 꾹 참으면서 읽다보니 묘한 느낌을 받을 수 있었다. 이에 책에 소개된 시인의 시집을 한 권 덥석 사는 일까지 벌어지고 말았다. 이 정도면 시집을 선물해준 지인의 마음에 답하는 수준은 되지 않았을까 싶다.

마흔 살을 불혹이라던가.

내게는 그 불혹이 자꾸

부록으로 들린다. 어쩌면 나는

마흔 살 너머로 이어진 세월을

본 책에 덧붙는 부록 정도로

여기는지 모른다.

삶의 목차는 이미 끝났는데

부록처럼 남은 세월이 있어

덤으로 사는 기분이다.

봄이 온다.

권말부록이든 별책부록이든

부록에서 맞는 첫봄이다.

목련꽃 근처에서 괜히

머뭇대는 바람처럼

마음이 혹할 일 좀

있어야겠다.

- 강윤후, 〈불혹(不惑) 혹은 부록(附錄)〉

시를 읽고 나니, 사십 대에는 꼭 꿈을 가져야겠다는 생각이 들었다. 시인이 각고의 고뇌 끝에 탄생시킨 시에 칼질하듯 평할 능력은 못되지만, 음미하는 마음으로 겸손하게 딱 한 구절만 얘기한다면 '마음이 혹할 일'이란 게 단순한 취미생활이 아닌 사십 대의 꿈은 아닐까 하고 어림짐작해본다.

사십 대에게 꿈을 물어보면 꿈이 없다거나, 가족과 함께 재밌게 사는 게 꿈이라는 식의 회피성 발언을 하기 일쑤다. 그렇다면 정말 그들은 꿈이 없는 것일까. 물론 그럴 수도 있다. 하지만 대부분은 현실의 속박에서 헤어나기 어려우므로 꿈이라는 걸 생각할 틈이 없다. 예컨대, 월급날이 되기 무섭게 들이닥치는 각종 청구서에 무감각해진 지 오래다. 카드값은 기본이고, 아이들 학원비, 아파트 관리비, 생활비, 통신비, 지난달 회식비까지……. 이리저리 해체되고 나면 남는 게 거의 없다. 그러니 월급을 모아 재테크 한다는 사람은 신의 경지에 이른 사람으로 우러러볼 수밖에 없다.

그래서일까. 주변에서 꿈에 관해서 이야기하는 사십 대를 본 적이 거의 없다. 그런 걸 생각하는 건 사치라고 생각하기 때문이다. 그렇다. 그들에겐 하루하루 살아내는 게 목표일지도 모른다. 어쩌면 그렇게 부모 세대의 삶과 똑같이 닮아 가는지 소름이 돋을 지경이다.

사실 나 역시 불과 1~2년 전까지만 해도 "꿈이 뭐냐?"고 묻는 사람들이 그리 달갑지 않았다. 나아가 그런 질문을 회피하려고 했다. 그런데 1~2년 사이에 크게 변했다. 무엇이 나를 그렇게 변하게 하였을까.

친구의 권유로 참가한 사회적 코칭이 그 계기가 되었다. 나는 거기서 새로운 도전을 시작하려는 사람들을 많이 만났다.

50대는 물론 60대, 심지어 70대 노인도 열심히 강의를 들으며 자기계발을 하고 있었다. 처음에는 그냥 그러려니 했는데, 하루 10시간짜리 강의를 사십 대인 나보다 더 열심히 집중해서 듣는 그들의 모습을 보니 갑자기 부끄러워지기 시작했다.

사십 대에 접어든 이후 나는 더 배우지 않아도, 지금까지 익힌 것만으로도 남은 생을 충분히 버틸 수 있다며 만용을 부렸다. 그런데 일흔이 넘은 노인들이 하늘로 돌아가는 날까지 배우고 익히며 봉사하겠다는 일념으로 그렇게 열심히 공부하는 모습을 보니 부끄러워서 고개를 들 수 없었다. 그렇다고 그들이 나보다 학력이 부족한 것도 아니요, 경력이 부족한 것도 아니었으며, 용모가 딸리는 것도 아니었다. 모아놓은 재산이 없는 건 더더욱 아니었다. 한마디로 나보다 잘났으면 잘났지 못난 것 하나 없는 사람들이었다. 그러니 겸손해질 수밖에.

반성하지 않을 수 없었다. 그들의 모습은 얼빠진 내 삶의 자세를 통렬하게 꾸짖었다. 그렇게 해서 나는 다시 꿈을 꾸게 되었다.

사십이 넘어 정리된 내 꿈은 '전문적인 역량을 갖추고 영향력 있는 사람'이 되는 것이다. 그 구체적인 목표로 작가가 되고자 하는 꿈을 세웠다. 이에 짧게나마 매일 글을 쓰고, 글쓰기 모임에 나갔으며, 관심 있는 분야의 자료를 모았다. 더 구체적인 시나리오는 다음과 같다.

죽을 때까지 50권의 책을 내자. 그래서 흔히 장례식이라 부르는 '삶 마감 추모식'에서 그에 대한 프레젠테이션을 만들어서, 내가 살아온 삶의 흔적을 보여주자. 그리고 거기에는 작품의 내용과 배경은 물론 에피소드와 책을 읽고 도움을 받은 사람들의 얘기도 함께 담았으면 한다. 장례식에 온 사람들이 육개장만 먹고 고스톱이나 치다가 돌아가지 않고, 내가 쓴 책을 한 권씩 손에 들고 돌아가기를 바란다.

그렇다면 왜 하필이면 하고 많은 것 중에 작가가 되고 싶었을까.

어느 날, 메일 하나를 읽게 되었다. 작가가 되도록 돕는 글쓰기 모임 회원을 모집한다는 내용이었다. 평소 같았으면 아무 생각 없이 곧장 휴지통으로 던져버렸을 메일이 그토록 마음을 잡아끈 건 그만큼 절실하게 원했던 탓이다. 그날 바로 신청 메일을 보내고 곧이어 인터뷰를 했다. 그리고 얼마 후 책상을 새로 꾸미고 글쓰기를 위한 자그마한 서재를 만들었다. 아울러 작가로서 알아야 할 출판계의 관행과 책 출판 프로세스에 대한 공부는 물론, 글쓰기 공부를 꾸준히 해나가기 시작했다. 독서량 역시 비약적으로 늘렸다.

내 꿈이 책을 내는 것이고, 지금 책을 쓰고 있다는 걸 어쩌다 듣게 된 사람들은 믿지 못하는 사람이 반이고 충격을 받는 사람이 나머지 반이다.

"책을 쓴다고? 그게 정말이야?"

"와, 정말 대단한데."

그 결과, 사람들이 나를 바라보는 눈에는 놀라움과 부러움이 섞여 있다. 간혹 나를 얕잡아보고 "자비출판이지?"라고 묻는 사람도 있긴 하다. 하지만 그 이면에는 질투심이 있다. 이는 책을 쓴다는 게 그 분야의 전문가라는 인정과 함께 그동안 열심히 살아왔다는 사실을 대변해주기 때문이 아닐까 싶다. 더욱이 자신보다 못하다고 여겼던 사람이 책을 낸다고 하면 그 충격의 강도는 몇 배 이상이다. 실제로 지인 중 한 명은 박사과정 수료 후 논문 작성을 차일피일 미루다가 2년이 지났는데, 내가 책을 낸다는 소식을 듣고 바로 다음날부터 논문 쓰기를 다시 시작하겠다고 선언하기도 했다.

물론 어떤 사람에게는 내 꿈이 성에 차지 않을 수도 있다. 하지만 꿈이란 원래 개인적인 것이지 않은가. 그러니 사회에 해가 되지 않으면서 건설적이라면, 어떤 꿈이건 무슨 상관이 있으랴. 본인이 좋다는 데 누가 말릴 것이며, 누가 방해하겠는가. 그러니 이왕 꿈을 꿀 것이라면 가능한 한 큰 꿈을 꾸는 것이 좋다.

삶을 자동차 여행에 비유하면, 엔진은 열정이며, 바퀴는 꿈이다. 작은 꿈은 길이 조금만 고르지 못해도 요철에 빠져 쉽게 헤어나지 못한다. 이는 작은 바퀴를 가진 차가 울퉁불퉁한 오프로드를 달리지 못하는 이치와도 같다. 큰 바퀴를 장착한 차일수록 오프로드를 힘차게 달린다. 또 가는 도중에 웅덩이에 바퀴가 걸리더라도 쉽게 빠져나올 수 있다.

알다시피, 인생길에는 이런저런 웅덩이가 참 많다. 그래서 가는 도중에 웅덩이에 빠지기도 하며, 걸리기도 한다. 그러므로 멈추지 않고 계속 가려면 엔진도 강해야 하지만 바퀴도 커야 한다.

사십 대라서, 가장이라서, 가족을 부양해야 하기 때문에, 꿈은 감히 생각할 수도 없다고 하는 건 바퀴 없이 엔진만으로 주행하겠다는 것과도 같다. 그렇게 되면 한 발짝도 나가지 못한 채 같은 자리에서 헛심만 쓸 뿐이다.

　내가 가족의 성장, 발전을 원하는 것만큼 가족 역시 나의 발전을 지지하고 응원하기 마련이다. 그러니 서로의 꿈을 소중히 가꾸고 간직할 필요가 있다. 꿈을 표현하며 격려하는 것이야말로 가족 모두에게 큰 위안이 되기 때문이다.

더는 다른 사람들의 눈치를 보거나

조건만 보면서 진로를 결정해선 안 된다.

지금까지 당연히 그렇게 살아왔다면,

이제부터는 나만의 보물지도를 만들어 나아가자.

현실의 속박에서 벗어나 꿈을 적고,

그림으로 표현하고, 말하자.

꿈은 현실의 속박에서 벗어날 때

비로소 날아오르기 시작한다.

05

당당하게 꿈을 말하자

"다들 신문 보셨죠? 우리 사업부가 내일부터 다른 회사 소속으로 바뀝니다."

후배가 다니는 S전자는 국내 굴지의 대기업으로 상시적인 구조조정을 시행하고 있다. 그리고 그때마다 신문에 도배가 된다. 워낙 큰 기업이다 보니 국민적 관심을 받기 때문이다.

어느 날, 소속부서가 그보다 훨씬 규모가 작은 회사에 넘어가게 되자 후배는 매우 의기소침했다.

"음, 소식 들었어. 축하해!"

"휴~우, 축하는요. 힘들어 죽겠어요. 그냥 이대로 있어야 하는데."

후배는 심란해 보였다. 그래서 도움을 주고 싶었지만, 딱히 도울 방법이 없었다. 이럴 때는 하루 다섯 번 기도하는 이슬람교나 전통 시조처럼 행동이나 말에 정해진 기본 규칙과 형식이 있었으면 좋겠다는 생각이 든다. 그대로만 따르면 상대에게 위로가 되고, 나 역시 할 일을 할 수 있으니 말이다.

탁태범 과장에게는 돌파구가 필요하다. 그는 경기장으로 돌아가 자신의 근육을 뽐내며 수많은 관중의 환호를 받고 싶다. 하지만 지금 그의 상황은 실력과 실전 경험, 리더십으로 무장한 A급 선수가 풀이 죽어 있는 꼴이었다.

사실 변화는 언제나 일어난다. 우리가 그것을 인지하지 못할 뿐이다. 어제 입었던 속옷을 다시 입고 싶은 사람은 아마 없을 것이다. 또 매일 똑같은 반찬을 먹고 싶은 사람도 없다.

그렇다. 우리는 날마다 변화를 원한다. 다만, 자신의 바람과 다른 변화를 겪는 것에 대해 민감하게 거부감을 드러낼 뿐이다. 하지만 그것 역시 삶의 일부다.

변화의 경험은 하나의 나이테가 되어 성숙한 삶이 되도록 돕는다. 인생의 황혼에 가서 '내 인생에는 아무런 변화나 사건이 없었어!'라고 말하는 게 무슨 의미가 있겠는가. 누가 듣건 말건 '왕년에는 나도 한 가닥 했거든'이라며 뽐내고 싶지 않겠는가. 그렇다. 있지도 않은 거짓말까지 섞어가며 허풍을 떠는 판에 멋진 실전 무용담 하나 챙길 기회를 마다할 필요는 없다.

《코칭의 기술》의 저자 마셜 쿡은 이렇게 말한 바 있다.

"코치는 선수가 게임을 하도록 만드는 사람이다."

한 해의 마감을 앞두고, 나는 탁 과장에게 보물지도 작업을 함께 해보자고 제안했다. 그리고 이왕이면 그 의미를 더욱 깊게 하기 위해 1월 1일에 그 작업을 시작하자고 했다.

그렇게 해서 남들 다 쉬는 휴일에 탁 과장 가족과 우리 가족은 함께 앉아 보물지도 작업을 시작했다. 아니나 다를까. 탁 과장 부부는 처음에는 매우 어색해했다. 그러나 보물지도의 과학적 근거를 들어가며 소개하자 점점 집중하기 시작했다. 그리고 곧 의욕을 되찾을 수 있었다.

보물지도를 소개한 모치즈키 도시타카는 《당신의 소중한 꿈을 이루는 보물지도》에서 이렇게 말했다.

"꿈은 중도에 포기하지 않는 한 반드시 이루어집니다. 42Km의 마라톤은 중간에 쉬게 되면 절대 이길 수 없습니다. 하지만 인생의 레이스는 끝까지 포기하거나 중단하지 않으면 반드시 꿈을 이룰 수 있습니다. 인생은 마라톤처럼 무조건 1등을 해야 하는 것은 아닙니다. 1등도 멋지지만, 골인 지점까지 도착할 수 있다는 것만으로도 매우 아름답고 멋진 일이니까요."

보물지도는 꿈을 이미지화하는 것이다. 딱히 구분하자면 '비전 보드'라고 할 수 있다. '꿈'이 막연한 것이라면 '비전'은 꿈을 이미지화시켜놓은 것이라고 할 수 있다. 그만큼 구체적이다. (미국 어린이 영어사전에서는 Vision을 'Picture in my mind'라고 소개하고 있다.)

비전 다음은 목표 설정이다. 비전에 시간 개념을 더하면 목표가 된다. 언제까지 이루겠다는 다짐이 바로 그것이다. 세부목표는 목표를 잘게 쪼개서 조금씩 이루어 나가는 것을 말한다. 예컨대, 사다리를 하나씩 잡고 오르듯이 작은 목표를 하나씩 이루어나가면 어느 순간 큰 목표에 도달하게 된다. 그리고 계획에 따라 실행하면서 그때그때 계획을 수정해 나가면 된다.

많은 사람이 꿈을 표현하는 걸 매우 꺼린다. 심지어 "꿈이요? 그런 것 없어요!"라고 말하는 사람들도 적지 않다. 하지만 꿈은 삶의 에너지의 원천이다. 꿈이 있는 사람은 눈이 반짝이고, 적게 먹어도 배가 부르며, 덜 쉬어도 피곤하지 않다. 또 꿈은 과제에 집중하게 해줄 뿐만 아니라 친절하고 열정적인 사람으로 변화시켜준다.

그런 의미에서 중년 이후 다른 사람들에게 자신의 꿈을 말한다는 것은, 그것 자체만으로도 큰 의미가 있다. 아직도 내가 꿈을 소중하게 생각하며, 그것을 이루기 위해 열심히 살고 있다는 것을 증명하기 때문이다. 그래서 꿈을 가진 중년을 보면 그렇게 멋있어 보일 수가 없다.

성공의 정의는 여러 가지가 있다. 하지만, 나는 '목표를 향해 나아가는 과정' 그 자체가 성공이라고 생각한다.

전교 1등 목표를 가진 학생 100명 중 전교 1등을 하는 학생은 단 한 명뿐이다. 그러면 나머지 99명은 과연 실패한 것일까. 다음 얘기를 보자.

올림픽에서 금메달을 따면 많은 사람이 환호한다. 하지만 은메달은 다르다. 매우 아쉬워할 뿐이다. 그러니 동메달에는 별 감흥조차 느끼지 못한다. 그렇다면 금메달은 성공, 은메달이나 동메달은 실패일까.

세계대회에서 2등이나 3등을 했다는 건 실로 엄청난 일이다. 그러니 은메달이나 동메달을 딴 선수에 대해서도 진심으로 자랑스럽게 생각할 수 있어야 한다. 올림픽에 출전했다는 것만으로도 자랑스럽게 생각할 수 있다면 더욱 좋다. 꿈꾸고 노력한다는 자체만으로도 칭찬이나 환호를 받아 마땅하기 때문이다.

1등 지상주의에 빠진 사람 중 시기와 질투심을 가진 사람일수록 주변 사람들에게 많은 영향을 미친다. 그렇다면 주변 사람들이 문제일까. 그 사람들만 없으면 되는 것일까.

그렇지 않다. 문제는 자기 자신이다. 다른 사람들이 그렇게 생각하건 말건 스스로가 과정을 성공이라고 생각하면 그만이기 때문이다. 그런 점에서 보물지도는 시기와 질투의 거미줄을 끊고 꿈을 향해 전진하도록 돕는 강력한 도구라고 할 수 있다.

직장생활을 하는 지인과 개인적인 상담을 한 적이 있다. 지인은 지금보다 더 발전하고 성장하길 원했다. 이에 공부를 더 해서 박사 학위를 따는 것이 좋을지, 다른 회사의 스카우트 제의에 응하는 게 좋을지 고민 중이었다. 공부하는 것도 좋지만, 스카우트 조건 역시 좋았기 때문이다.

나는 지인에게 본인의 인생에서 박사 학위가 그렇게 중요한 것인지, 그렇다면 왜 스카우트에 흥미를 갖게 되었는지 그 이유에 관해서 물었다.

결국, 지인은 박사 학위를 따기로 했다. 스카우트에 응하는 건 현재 생활의 연장일 뿐이라는 결론에 도달했기 때문이다.

더는 다른 사람들의 눈치를 보거나 조건만 보면서 진로를 결정해선 안 된다. 지금까지 당연히 그렇게 살아왔다면, 이제부터는 나만의 보물지도를 만들어 나아가자. 현실의 속박에서 벗어나 꿈을 적고, 그림으로 표현하고, 말하자. 꿈은 현실의 속박에서 벗어날 때 비로소 날아오르기 시작한다.

가슴속에 꿈을 간직한 사람은 밥을 먹지 않아도 배가 부르고, 가진 것이 없어도 풍요로운 법이다.

꿈을 말하기 시작하면 성공은 머지않다. 그러니 당당하게 꿈을 말하는 사람이 되자.

06

은퇴 후의 삶을
고민하고 준비하자

노숙자는 항상 그랬던 것처럼 그 자리에 누워 있었다. 매일 반복되는 1시간 30분의 출근길. 전철을 타기 위해 올라가는 육교 계단에는 오늘도 그 노숙자가 있다. 깊게 눌러쓴 모자 사이로 시커먼 피부를 뚫고 돋아난 하얀 수염과 주름이 50대 후반쯤 되지 않았나 싶다. 음료수 상자를 찢어서 만든 동냥 통에는 동전 몇 개가 전부다. 퇴근길에는 보이지 않는 거로 봐서, 출근길 사람들에게 동정을 사고는 어딘가로 움직이는 것 같다. 누워있는 그를 피해 계단을 오르는 것이 다소 불편하긴 하지만 매일 겪다보니 언젠가부터 무감각해졌다.

오늘도 전봇대가 침범한 인도처럼 오목한 길을 따라 그를 지나쳤다.

육교 건너 끝부분에 도달하면 전도자가 보인다. 그는 중절모를 쓰고, 돋보기 기능이 있는 안경을 쓰고 있다. 면도를 깨끗이 해서 깔끔한 인상에 말끔한 남방 위로 빨간색 어깨띠를 비스듬히 둘렀다. 60대 후반의 그는 항상 똑같은 내용으로 설교한다.

"사람 마음에 죄가 있습니다. 죄를 인정하세요."

아침나절부터 듣기에는 부담스러운 말이지만 매일 듣다 보니 그 또한 그러려니 하며 지나치게 되었다.

한 사람은 육교를 오르는 계단 중간에서 다른 사람의 동정을 바라며 누워있고, 다른 한 사람은 육교 끝에서 다른 사람들에게 자신의 영적 신념을 전파하기 위해 설교를 한다.

언제부터인가 그들을 볼 때마다 '도대체 저 사람들은 젊었을 때 뭘 했을까?'라는 의문이 든다. 제2의 인생을 살아갈 시기에 극명하게 대조되는 삶을 살아가는 모습이 궁금증을 자아내기 때문이다.

은퇴하면 제2의 인생을 산다고 한다. 특히 스포츠 선수는 생명력이 다른 분야에 비해 훨씬 더 짧다보니, 한창 일할 나이인 30대에 은퇴하는 사람도 있다. 그러니 그들에게 있어 두 번째 인생이라는 말은 지극히 자연스럽고 당연한 것일지도 모른다.

1982년 프로야구가 처음 시작되었을 때 MBC 청룡 감독 겸 선수로 뛰던 백인천(당시 40세) 씨에게 사람들은 제2의 인생이라고 했다. 1992년 농구 스타 이충희 씨가 33세의 나이에 국내에서 은퇴하고 대만에서 코치 겸 선수 생활을 시작했을 때도 똑같은 말을 했다.

못 배운 한을 풀기 위해 노년에 공부하는 노인에게도 제2의 인생을 산다고 한다. 노숙생활을 청산하고 더 나은 삶을 시작해도 그렇다. 기업이

나 관공서에서 잘 나가던 사람이 은퇴 후의 적적함을 견디다 못해 아파트 경비 일을 시작해도 마찬가지다. 판사가 변호사 개업을 해도 그렇다.

그런가 하면 죄를 지어 수감생활을 마치고 나온 사람에게는 제2의 인생을 살라고 말한다. 그들에게 제2의 인생이라는 말은 과거를 용서한다는 표현이기도 하며, 앞으로는 잘하라는 격려의 말이기도 하다. 또 멋지게 성공할 것을 믿는다는 주변의 기대와 신뢰를 전달하는 표현이자, 앞으로는 잘 풀릴 것이라고 스스로 되뇌는 자기암시이기도 하다.

직장생활의 꽃을 피우기 위해 한참 달리는 사람들에게 제2의 인생이라고 하면 전직이나 은퇴를 떠올리기 쉽다. 적성에 맞는 진로를 생각하고 체험할 겨를도 없이 주어진 길을 걸어왔다면 더더욱 그렇다.

사회생활의 설렘과 직장에서 나오는 경제적 독립의 달콤한 맛에 빠져 어물어물하다가 결혼까지 하고 나면 다시 돌이키기 어려운 것이 인생이다. 하지만 돈도 없고, 시간도 없다. 체력도 달리고, 학력도 부족하며, 외국어 실력도 그저 그렇다. 그러니 제2의 인생은 언감생심, 생각해보지도 못하고 지금 다니는 직장에서 나가라고 할 때까지 있는 게 제일 낫지 싶다. 그러다 보니 그 뒤는 생각하고 싶지도 않고 다가오지도 않았으면 좋겠다고 생각한다. 그렇게 하루하루가 흘러간다.

세계적 기업에서 상무로 재직했던 강덕병 씨는 올해로 은퇴 2년 차다.

인사 분야에서 잔뼈가 굵은 그는 24년 동안 사원들을 직접 뽑고, 내보내며, 노사문제를 처리했다. 그러다 보니 현실 감각이 남다르다.

퇴직은 예상치 못한 시점에 갑작스럽게 들이닥쳤다. 담당하고 있던 업무에 어수선한 일이 계속해서 발생하자 누군가 책임을 져야만 했다. 이에 팀장으로서의 책임도 있었지만, 고락을 함께한 부하들이 다치는 걸 볼 수 없었던 그는 스스로 용퇴를 결심하고, 부사장에게 사의를 표명했다. 그러자 부사장이 만류하고 나섰다. 그러기를 세 번이나 반복하고 나서야 겨우 허락을 받을 수 있었다. 나중에 안 사실이지만 부사장은 첫 번째 사의 표명 즉시 후임을 물색하기 시작했다고 한다. 쓸쓸했지만 '직장이 다 그렇지.'라며 스스로 위안 삼았다.

그는 나름대로 퇴직 후를 대비해서 몇 가지 대비책을 세웠다. 하지만 막상 퇴직이 결정되자 마음이 영 편치 않았다. 쓰던 물건과 책상을 정리하고 회사 차도 반납했다. 그러다가 퇴직 날짜가 가까워지자 슬그머니 후회도 되었다. 심지어 아내로부터 "딸아이 시집이라도 가면 그만두지. 혼자 결정해서 갑자기 그만두면 어쩌란 말이냐?"는 원망까지 들어야 했다. 그러다 보니 주제넘게 행동한 자신이 원망스럽기까지 했다.

할 수 없이 퇴직 후 자신의 회사로 와 달라던 후배에게 연락을 취했다. 그러나 후배는 회사 상황이 어렵다는 말부터 꺼냈다. 배신감에 마음에 큰 상처를 입었지만 어쩔 수 없었다. 그렇다고 그대로 손을 놓고 있을 수도 없어서 교육행정 분야에서 일하는 친구에게 도움을 청했다. 그러자 친구는 이렇게 말했다.

"너도 참, 세상 물정 모른다. 그런 건 현직에 있을 때 해놨어야지. 입장 바꿔놓고 생각해봐라. 퇴직자가 넘쳐나는데, 어떤 대학에서 너를 교수나 강사로 영입하겠냐? 그런 건 현직에 있을 때 미리 준비해야 해."

동창 모임에서도 시큰둥한 반응이 이어졌다. 전에는 세계적 기업의 인사담당 임원이라고 대접해주던 친구들이 '너도 이제 끝났구나!'라는 식으로 대했다.

그렇게 2년이란 세월이 흘렀다. 봉사활동도 하고, 부동산 투자도 하며, 여행도 다녔지만, 무엇도 그의 마음을 채워주진 못했다. 지금이라도 어디선가 당신의 경험과 능력이 필요하다며 불러줬으면 싶었지만 그런 일은 일어나지 않았다. 그나마 다행인 것은 봉사활동을 함께하던 사람의 소개로 마음에 쏙 드는 일을 얼마 전에 찾았다는 것이다.

현재 그는 비즈니스 코치가 되려고 열심히 준비 중이다. 기업을 대상으로 변화와 발전, 성과, 화합, 비전 등에 대해 강의하고 코칭하는 일이다. 처음에는 그런 직업이 있다는 사실도 몰랐지만, 능력과 경력에 열정까지 겸비했으니 자신감 하나만큼은 충분했다.

그런 경험 탓일까. 그는 은퇴 후의 삶에 대해 현직에 있을 때 진지하게 고민하고 준비하라고 말한다. 음식점을 하려고 마음먹었다면 점찍어 놓은 음식점에 가서 미리 일도 해보고 경험도 해보라는 것이다.

다음은 용인에 있는 한 족발가게에서 실제로 있었던 일이다.

한 회사원이 족발을 사가면서 주인에게 물었다.

"혹시 가맹점 사업도 하나요?"

주인이 그렇다고 하자, 옆에 있던 나이 든 직원 한 명이 나서며 다음과 같이 말했다.

"저도 그것 때문에 여기서 일 배우는 중이에요."

이에 그 회사원이 다시 물었다.

"그럼 가게나 인테리어 같은 건 어떻게 해요?"

"그런 건 알아서 해야죠."

주인이 못마땅한 표정으로 말했다.

"요즘은 그런 것도 다 해주던데."

회사원은 그렇게 말하며 돌아섰다. 그러자 뒤에서 혀끝을 차는 소리와 함께 다음과 같은 말이 들려왔다.

"저런 사람은 다 해줘도 망해. 내가 해준다고 해도 본인이 나서야 할 판인데 아직 멀었어!"

혹시라도 위의 회사원 같은 생각으로 은퇴를 준비하고 있다면 족발집 주인의 말을 다시 한 번 상기해봤으면 한다. 그리고 아직 은퇴할 시기가 한참 남았다면 그 기간에 반드시 미리 체험을 해보길 바란다.

온갖 이유를 대가면서 안 된다고 말하는 사람은 아직 절박하지 않다는 것이다. 그런 점에서 제2의 인생에서 이름 뒤에 붙는 타이틀이야말로 노력과 열정의 결과라고 할 수 있다.

07

끊임없이 나를
계발하고 격려하자

시간이 날 때마다 도서관을 자주 찾는다. 책 냄새를 맡으며 책을 보고 있으면 정신이 맑아지기 때문이다.

날이 갈수록 좋아하는 장소에서, 좋아하는 것과 함께 하는 시간이 더욱 소중하게 느껴진다. 이것 역시 사추기(思秋期) 증상일까.

때로는 누구에게도 방해받고 싶지 않아 휴대폰 전원을 아예 꺼놓기도 한다. 끌 때는 잠시 망설여지지만 끄고 나면 마음이 한결 편안해진다.

휴대폰을 살 때는 내가 편해지기 위해서 샀지만, 막상 가지고 다니다 보니 남을 편하게 해주려고 갖고 다니는 꼴이 되고 말았다. 내가 사용하는 시간은 하루에 채 30분도 되지 않는다. 나머지 시간은 온통 다른 사람의 연락을 기다린다. 휴대폰을 만든 사람도 이걸 의도하진 않았을 것이다. 하지만 이제 휴대폰 없는 생활은 상상하기조차 힘들다.

성장기에 접어든 청소년들이 신체적 · 정신적 변화를 겪는 시기를 일컫는 사춘기(思春期)는 국어사전에 있다. 하지만 중장년층이 겪는 사추기(思秋期)는 국어사전에 나오지 않는다.

사추기는 몸은 늙어가고, 마음은 점점 약해져 가면서 살아온 날들에 대해 반추하며, 인생 후반전을 고민하고 준비하는 시기라고 할 수 있다.

옛날에는 평균수명이 짧아서 사실상 사추기를 겪을 시간적 여유가 없었다. 그도 그럴 것이 옛날에 마흔이면 한 집안의 어른이요, 환갑을 맞으면 동네의 경사였다. 하지만 이제 한국인의 평균수명은 80세를 넘기에 이르렀다. 통계청 조사에 의하면, 2014년을 기준으로 40세 남자는 40.2년, 여자는 46.3년을 더 살 수 있다고 한다.

"나도 이제 꺾어진 팔십이야!"

마흔이 되면 흔히 농담 삼아 하는 말이다. 여든의 절반이 마흔이니, 꺾어졌다는 말로 나이 들어가고 있음을 표현한 것이다. 그러니 이제는 건강에 신경 쓰라는 둥, 그만하면 성공했으니 좀 쉬라는 둥 주변의 덕담이 이어지지만 실상 내용은 전혀 그런 것이 아니다.

사람은 모두 살고 싶어 한다. 평범한 사람들의 삶에 대한 갈망이 얼마나 큰지 조정래 작가의 말을 빌려보자.

"가슴을 겨누는 빤히 뚫린 총구멍이 그리도 무서운 것인 줄은 몰랐었다. 그 구멍 앞에서는 발가락 하나 꼼지락 할 수 없게 전신이 뻣뻣하게 굳어버렸고, 갑자기 멍청이가 되는 것처럼 머릿속도 텅 비는 것이었다.

아니, 그것이 아니었다. 텅 빈 머릿속에는 살고 싶다는 생각만이, 고름 질질 흘리는 문둥이로든, 똥통의 구더기로든 살고 싶다는 생각만이 피 가 마르게 절절했다."

- 조정래, 《태백산맥》 제1부 '한(恨)의 모닥불' 중에서

나이가 들면 안정적이고 확실한 걸 추구하며, 계획을 짤 때 보수적으로 수립하는 경향이 있다. 하지만 다른 건 몰라도 수명만큼은 도전 목표를 잡아야 한다. 공격적으로 잡아서 도전할수록 남은 인생이 풍요로워지기 때문이다. 그런 의미에서 어느 90세 노인의 수기는 남의 얘기가 아니다.

"저는 젊은 시절 정말 열심히 살았습니다. 그 결과, 누구에게나 실력을 인정받았을 뿐만 아니라 존경을 받았습니다. 그로 인해 60세까지 일을 하다가 당당히 은퇴할 수 있었습니다. 그랬던 제가 은퇴 30년 후인 90세 생일에 얼마나 많은 후회의 눈물을 흘렸는지 모릅니다. 60여 년의 삶은 자랑스럽고 당당했지만, 이후 30년의 삶은 부끄럽고 후회스러웠을 뿐만 아니라 비통하기까지 했기 때문입니다.

저는 퇴직 후 '이제 내가 할 일은 다 했다. 남은 인생은 그냥 덤이다'라는 생각으로 특별한 일 없이 지냈습니다. 더 이뤄야 할 목표를 상실한 채 덧없고 희망 없이 죽을 날만 기다리는 삶이었습니다. 그런 삶을 무려 30년이나 살아왔습니다. 제 생애의 1/3이나 되는 기나긴 시간이었습니다. 만일 제가 퇴직할 때 앞으로 30년을 더 살 수 있다고 생각했다면 그렇게

살지 않았을 것입니다. 그때 저 스스로 늙었다고, 뭔가를 시작하기에는 너무 늦었다고 생각한 것이 큰 잘못이었습니다.

저는 지금 90살이지만 정신은 또렷합니다. 앞으로도 10년, 아니 20년을 더 살지도 모릅니다. 이제 저는 그동안 정말 하고 싶었던 어학 공부를 다시 시작하려고 합니다. 그 이유는 단 한 가지입니다. 10년 후 맞게 될 100세 생일에 후회하지 않기 위해서입니다."

적지 않은 시니어들이 사회 참여를 선택하고 있다. 집도 있고, 돈도 있지만, 여전히 일하고 싶기 때문이다. 그런데 일자리는 턱없이 부족하다.

흔히 하는 농담 가운데 '경비라도 하지 뭐.'라는 말이 있다. 이것도 저것도 안 되면 경비라도 하겠다는 얘기다. 예전에 '농사나 짓지 뭐.'와 비슷한 격이다. 그 자리를 경비가 대신 차지한 것이다. 사실 이건 과도기 현상이라고 할 수 있다. 은퇴한 사람들은 앞으로 계속 늘어날 것이고 우리 역시 그 흐름에서 벗어나기가 쉽지 않기 때문이다.

지진이 있기 전에는 동물들이 전조 증상을 보인다고 한다. 갑자기 쥐떼가 나타난다든지, 겨울잠을 자야 하는 뱀이 나타난다든지, 평소 순하던 개가 난폭해지고 짖어댄다든지 하는 일이 바로 그것이다.

현명한 사람들은 그 전조를 알아보고 대피한다. 하지만 그렇지 못한 사람들은 그걸 알면서도 그대로 당하고 만다.

은퇴 후의 삶은 전 생애의 1/3이나 차지할 정도로 길다. 그런 의미에서 은퇴 후의 삶을 준비 없이 맞는 건 재앙과도 같다. 하지만 과도기적인 현상을 겪으면서도 시대의 요구를 깨닫지 못한 채 그저 세월을 흘러만 보낸다면 그 결과는 뻔하다.

현실 인식에 따라 생각과 행동이 달라진다. 그러니 이왕이면 오래 살 것처럼 행동하자. 오래 살 생각을 하는 사람은 돈이 생기면 쌀과 김치를 사서 한 달을 살 궁리를 한다. 하지만 하루만 생각하는 사람은 그걸로 치맥 파티를 하고, 남은 기간에는 닭 뼈만 핥는다.

현재 사추기를 겪고 있다면 오래 살 생각을 하라고 권하고 싶다. 이왕이면 죽지 않을 것처럼 생각하고 살아야 한다. 목표 없이 하루하루를 사는 대신 인라인스케이트도 배우고, 영어 공부도 다시 시작하며, 새 친구도 사귀고, 끊임없이 자신을 계발하고 격려해야 한다.

제2장

세상의 유혹에 더 이상 흔들리지 말자

나이가 들수록 샛길이 더없는 유혹이 될 수 있다.
나이를 더 먹기 전에
뭔가 승부를 내야 한다는
조급증이 생기기 때문이다.
하지만 급하다고 샛길로 접어들면
반드시 막히게 마련이다.
신호가 바뀔 때까지 여유롭게 기다려야 한다.
그렇다면 신호가 안 바뀌면 어떻게 해야 할까.
그럼 거기까지다.
행여 샛길로 새서 억지로 갈 생각은 꿈에도 하지 말자.
될 일은 되고 안 될 일은 어떻게 해도 안 되는 법이라는 걸
이미 알고 있지 않은가.

등산할 때, 각자의 사정과 상태에 따라 쉬면서

에너지를 보충해야 하듯,

인생을 살아가면서

내 건강, 내 가족을 위하는 일은

전혀 남의 눈치를 볼 일도 아닐뿐더러

이기적인 일은 더더욱 아니다.

이기적이라고 남에게 손가락질을 받을까 두려운 나머지

버티다가 도리어 불행한 일을 당할 수도 있다.

그러니 더는 자신을 위하는 일에

돈을 쓰거나 시간 쓰는 걸 아까워하지 말자.

01

자신을 위하는
이기주의자가 되자

헬스클럽 간판이 눈에 들어왔다. 근육질의 남자와 여자 사진이 유난히 돋보인다. 근육이 반짝이고, 웃는 입안의 하얀 치아와 구릿빛 몸매가 눈을 자극한다. 그 아래 '특별할인! 1개월 2만 원'이라는 말이 눈에 띈다. 그러자 '이참에 나도 헬스 한번 해볼까?'라는 생각이 슬며시 고개를 든다.

나이가 들수록 건강에 관심이 많아지는 건 당연한 일이다. 그러나 직장에 매인 몸인지라 마음 놓고 운동을 한다는 게 생각만큼 쉽지 않다. 그런데도 TV나 신문을 볼 때마다 중년의 건강 기사가 신경 쓰이는 건 어쩔 수 없는 일이다. 특히 돌연사니, 뭐니 해서 갑자기 세상을 뜬 사람들에 관한 이야기를 접할 때면 남의 일 같지 않다. 그들 가운데는 나보다 심하게 일을 한 사람도 있지만 덜 한 사람도 있기 때문이다. 그러고 보면 꼭 일이 많아서 그런 일이 생기는 것 같지는 않다.

'휴~우, 그나마 나나 되니까 이 정도 버티는 거야. 일요일에 헬스 다니고, 술 좀 줄이고, 매일 비타민 꼬박꼬박 챙겨 먹으면 아무 일 없을 거야. 건강은 타고났으니까. 퇴직하면 그때부터는 건강에 바짝 신경 써야지!'

건강에 대한 맹신만큼 위험한 일은 없다. 특히 중년에 접어들었거나 넘겼다면 한 번쯤 자신의 건강을 정확하게 점검해볼 필요가 있다. 비록 내 몸이지만 내 것만이 아니기 때문이다. 나를 바라보며 사는 사람이 얼마나 많은가. 가깝게는 가족으로부터 친척, 친구, 그리고 직장 동료까지. 모두가 내 건강을 걱정해주는 고마운 사람들이다.

많은 사람이 등산을 인생에 비유하곤 한다. 올라갔으면 언젠가는 내려와야하기 때문이다.

사람들이 등산을 좋아하는 이유 중 하나는 지금까지 살아온 삶을 돌이켜볼 수 있기 때문이다. 힘든 오르막길, 능선을 따라가는 평탄한 길, 가끔 나타나는 약수터 등은 살아가면서 접하는 갖가지 일에 비유된다. 그러나 살면서 날벼락 같은 일을 만나 주저앉는 것처럼 등산 역시 예기치 못한 돌발적인 사고로 인해 모든 것이 송두리째 바뀌기도 한다.

살면서 돌연사하거나 혹은 건강에 심각한 문제가 생길 것이라고 생각하는 사람은 그리 많지 않다. 오히려 그런 사람들일수록 "에이, 설마 그런 일이 생기겠어. 요즘 의학이 얼마나 발달되고, 구조 시스템도 좋은

데!"라며 스스로 위안하곤 한다.

하지만 인생은 모르는 것이다. 직장과 가정의 중심축이라는 중압감과 적지 않은 나이는 내일 당장 몸 어딘가에 이상이 생겨 앓아눕는다고 해도 전혀 이상하지 않기 때문이다.

삼십 대 초반에 대학원 공부와 회사 일을 병행한 적이 있다. 부양할 가족이 있기에 회사를 그만둘 수 없어서 부득불 회사가 끝나는 야간에 수업을 들어야 했다. 이에 퇴근과 동시에 학교에 갔고, 미처 끝내지 못한 일이 있으면 다시 회사로 돌아와 새벽 1시까지 일을 했다. 그리고 집에 가서 리포트를 작성하거나 밀린 공부를 하고 나면 새벽 3~4시는 기본이었다. 밤을 꼬박 새운 날도 많았다. 출근 시간은 8시 30분. 당연히 잠이 부족했다. 점심시간에 새우잠을 자며 근근이 버텼다. 하지만 그것도 잠시. 그렇게 두 달을 보내자 체력이 결국 바닥을 드러냈고, 견디다 못한 나는 휴학을 택하고 말았다. 그때 지도교수님께서 해주신 말씀이 아직도 귀에 쟁쟁하다.

"이보게, 직장 다니는 사람 중 야간 대학원 과정 휴학 후 복학한 사람은 거의 없네. 힘든 건 알지만, 다시 한 번 생각해보게."

내가 그랬으니 다른 사람들 역시 모두 그럴 것이라고 생각하는 우를 범하고 싶진 않다. 하지만 다음 기사를 유의 깊게 살펴보자.

"여럿이 산행을 할 때는 걷는 속도, 휴식시간, 먹는 시간, 먹는 음식, 먹는 양이 제각각 다르다. 결국, 올라가는 속도와 휴식시간, 먹는 시기, 종류, 양 모두 달라야 한다. 당연한 얘기 같지만 우리는 과연 이것을 지킬 수 있는가. 우리나라에서 여러 사람과 산을 탈 때 자기가 준비한 음식을 혼자서만 먹는 것이 가능한가. 그렇게 했다가는 '자기밖에 모르는 이기주의적인 사람'으로 낙인찍히기에 십상이다. 이에 반해, 서양 사람들은 산행이나 등반할 때 철저히 개인적으로 식량을 먹는다. 다른 사람에게 권하지도 않고 달라고 하지도 않는다."

-〈월간山〉 기사 중에서

일반적으로 '이기적'이란 말은 부정적으로 쓰인다. 그러나 살다 보면, 특히 나이를 어느 정도 먹으면 어떤 일을 도모할 때 이기적이어야 할 때가 반드시 있다. 특히 타인을 지나치게 의식하는 일일수록 더욱 그렇다.

어떤 일에 대해서 '남들이 이기적이라고 할 거야.'라며 괜히 앞질러 생각하기보다는 개인적인 일이라고 돌려 생각할 수 있어야 한다. 나아가 정말 이기적인 일은 개인적인 것으로 돌려지지 않는다. 뻔한 월급으로 외식을 하면서도 남은 음식을 싸달라고 말하지 못하는 사람, 아이들 학원비가 부족해서 쩔쩔매면서도 남의 돌잔치에 금반지를 꼭 들고가야 한다는 사람, 건강을 위해 운동을 하면서도 누가 알아볼까 봐 창피해서 시커먼 마스크로 얼굴을 가리는 사람, 1박 2일 가족 여행 한 번 못 갔으면서도 부모님 해외여행은 꼭 보내드려야 한다고 우기는 사람, 피곤함에 절은 나머지 얼굴색까지 검게 변했으면서도 쉬는 날 후배 결혼식에는 꼭 가야 한다는 사람, 아내 새 옷 한 벌 해준 지가 몇 년이 지났는데도 술값은 자기가 내겠다고 우기는 사람…….

이런 일들은 막상 닥치면 계면쩍기 그지없다. 하지만 그렇다고 해서 이기적인 일은 절대 아니다.

피곤하면 쉬어야 한다. 등산할 때, 각자의 사정과 상태에 따라 쉬면서 에너지를 보충해야 하듯, 인생을 살아가면서 내 건강, 내 가족을 위하는 일은 전혀 남의 눈치를 볼 일도 아닐뿐더러 이기적인 일은 더더욱 아니다.

이기적이라고 남에게 손가락질을 받을까 두려운 나머지 버티다가 도리어 불행한 일을 당할 수도 있다. 그러니 더는 자신을 위하는 일에 돈을 쓰거나 시간 쓰는 걸 아까워하지 말자.

올해 오십 대에 접어든 배상민 씨는 살면서 여러 가지 일을 많이 겪었지만, 지난해 회사를 그만둔 게 가장 큰 일이라고 말한다. 그는 이름만 대면 알 만한 기업에서 승승장구하며 부장까지 지냈다. 그러다 보니 자부심이 대단했다.

"정말 열심히 살았어요. 그런데 어찌합니까? 구조조정을 하게 되면 우리 같은 사십 대, 오십 대가 직격탄을 맞는 게 현실이잖아요. 그렇게 명예퇴직을 당하고 나니 참 막막하더라고요. 집사람이야 그렇다 치더라도 애들이 아직 고등학교에 다녀서 돈 들어갈 일이 창창한데 은퇴를 했으니

오죽 답답했겠어요. 퇴직금 1~2억 원 받아봐야 아무 의미 없습니다. 있는 돈 까먹으며 산다는 게 정말 힘들어요."

함께 퇴직한 사람 중에는 그 돈으로 뭔가를 함께 해보자며 동업을 제안하기도 했다. 하지만 그는 그 제안을 모두 거절했다.

"그동안 뭐 했냐고요? 하하하, 낚시 다녔어요. 밤새도록 찌를 노려보면서 마음을 다스렸어요. 일하고 싶은 것도 억지로 참으면서 말이죠. 무조건 일 년은 쉬어야 한다고 생각했거든요. 수십 년 동안 회사 다니면서 생활했던 습성을 버리고 다시 처음부터 시작하고 싶었거든요."

그 얘기를 들으면서 참 대단하신 분이라는 생각이 들었다. 이에 향후 계획에 대해서 다시 물었다.

"참, 그래서 인생은 모른다는 것입니다. 낚시하러 다니다가 취직했거든요!"

열심히 낚시하러 다니다 만난 사람들 가운데 중견기업 사장님이 있었는데, 서로 통성명도 하고 밤새도록 얘기도 나누면서 인연을 맺게 되었다고 한다.

그러던 어느 날, 그 회사의 임직원을 대상으로 강의를 해달라는 부탁을 받았다. 이에 강의를 들은 사람 모두가 열렬한 감사를 표시했을 만큼 강의에 열정을 쏟았다.

대박은 그 뒤에 터졌다. 그 사장으로부터 생각지도 않았던 입사 제의를 받은 것이다. 사실 사장은 사업을 확대하려고 임원 영입을 계획하고 있던 차에 실력을 가늠하고자 그에게 특강을 부탁한 것이었다. 면접은

낚시터에서 며칠 밤을 새워가며 치른 것으로 충분했다.

　사람은 대부분 처자식이 있으면 돈에 대해 매우 조급해지기 마련이다. 그러다 보니 실직이라도 하는 날에는 일주일을 채 넘기지 못하고 일거리를 찾아다니며 안절부절못하기 일쑤다. 그런 사람들에게 이 이야기는 시사하는 바가 매우 크다고 할수 있다.

세상에는 스스로 불행해지는 길이

여러 가지가 있는데,

그중 하나가 바로 남에게 인정받고자

지나치게 애쓰는 일이기 때문이다.

다른 사람의 칭찬에 목말라하며 살아가다 보면

자신을 잃어버리기 쉽다.

나이가 들수록 돈보다, 명예보다

내면의 나와 만나는 것을

더욱 소중히 여겨야 하는 이유가

바로 그것 때문이다.

02

남에게 인정받기보다
스스로 인정하는 사람이 되자

대기업에서 상품기획 일을 하다가 인생계획에 따라 일찍 퇴직한 후 한옥(전통 기와집)을 짓는 목수가 된 사람을 만난 적이 있다. 남들은 하루라도 더 버티려고 애쓰는 대기업 부장 자리를 스스로 박차고 나오다니, 그 사연이 무척 궁금했다.

그에 의하면, 그 역시 여느 직장인들처럼 엄청나게 많은 일을 했고, 계속되는 야근과 프로젝트, 그리고 조직 속에서 개인과 가정, 일 사이의 균형이 무너졌다고 한다. 그러던 중 사십 대에 들어섰고, 여전히 회사 일에만 몰두하는 자신을 바라보며 '이건 아닌데'라는 고민이 시작되었다고 했다. 이에 5년 후에는 회사를 그만두고 하고 싶은 일을 하겠다며 부인과 약속했단다. 그러자 답답하기 그지없던 생활이 비로소 신이 나기 시작했다. 하지만 그것도 잠시. 막상 정해놓은 퇴직 시점이 다가오자 임원 승진이라는 달콤한 열매가 눈앞에 나타났다. 그도 그럴 것이 대기업 임원으로 승진할 경우 고액의 연봉은 물론 전용 차량과 개인 비서, 독립된 업무 공간과 업무 재량권 및 수많은 혜택이 뒤따르기 때문이다. 심지어는 퇴직 후에도 특별관리 대상이 되어 최소 1년간은 급여를 받을 수 있다. 또한, 임원이 되면 친구, 가족, 친척은 물론 대부분의 사람이 부러워할 뿐만 아니라 그 능력을 인정해준다. 특히 돈도 돈이지만 명예가 한껏 높아진다.

평범한 직장인으로 시작한 인생을 그렇게 마무리 하고 싶은 것이 모든 직장인의 꿈이다. 그러나 너무도 당연해 보이는 그 바람이 인생 후반기에 걸림돌이 되지는 않을지 한 번쯤은 되돌아볼 필요가 있다. 특히 세상에는 스스로 불행해지는 길이 여러 가지가 있는데, 그중 하나가 바로 남에게 인정받고자 지나치게 애쓰는 일이기 때문이다.

누군가가 자신의 방을 깨끗이 정리했다고 하자. 만일 그 일을 한 사람이 어린아이라면 칭찬받아 마땅한 일이다. 하지만 어른이라면 다르다. 당연히 해야 할 일을 했기 때문이다. 다른 사람의 칭찬을 기대하고 하는 일은 어린 시절로 충분하다. 더욱이 매일 반복되는 일에 계속 칭찬을 바랄 수도 없지 않은가. 설령, 계속 칭찬을 한들 그 효과 역시 갈수록 떨어지게 마련이다. 아울러 칭찬을 바라고 뭔가를 하는 사람은 이에 중독이 된 나머지 주기적으로 칭찬을 받지 못할 경우 또 다른 문제를 일으킬 우려가 있다. 따라서 나이가 들수록 칭찬보다는 침묵 속에서 그 가치를 인정받을 필요가 있다. 특히 자신에게 인정받아야 한다. 이에 대해《뼛속까지 내려가서 써라》의 저자 나탈리 골드버그는 다음과 같이 말한 바 있다.

"작가인 우리는 늘 의지할 것을 찾아다닌다. 이에 동료들로부터, 비평 가로부터 인정받아야만 안심하려고 든다. 그러나 자신의 재능이나 작품 에 대해 보내는 타인의 칭찬에 기대어 살아가는 한 다른 이들의 비평으 로부터 결코 자유로울 수 없다."

과연, 작가만 그런 걸까. 우리는 모두 인생이라는 원고지 위에 자신의 인생을 스스로 써내려가는 작가다. 남이 써주는 인생을 마치 자기 것인 양 착각하는 사람들은 채워지지 않는 빈 가슴을 부여잡고, 해바라기처 럼 다른 사람들만 쳐다보며 살아가기 마련이다.

다른 사람의 칭찬에 목말라 하며 살아가다 보면 자신을 잃어버리기 쉽 다. 나이가 들수록 돈보다, 명예보다 내면의 나와 만나는 것을 더욱 소중 히 여겨야 하는 이유가 바로 그것 때문이다.

직장생활을 하면서 임원으로 승진하는 건 너무도 멋진 일이자, 축하할 일이며, 부러워할 만한 일임이 틀림없다. 그러나 모든 것을 거기에만 걸 고 집중하기보다는 그것과 다른 가치들 사이에 균형은 잡혀있는지, 나 아가 자신의 가슴이 시키는 일을 하고 있는지 한 번쯤 되돌아볼 필요가 있다.

앞서 얘기했던 부장이 사표를 제출하자 모두가 깜짝 놀랐다고 한다. 더욱이 임원 승진 역시 확실했기에 모두가 나서서 한사코 말렸다고 한다. 5년만 더하고 그만두자며 철석같이 약속했던 부인은 물론 그의 부모, 특히 아들이 대기업을 다니며 능력을 인정받는 것에 큰 자부심을 느끼던 아버지의 반대가 무척 심했다. 그러나 결국 그는 회사를 그만두고 한옥 짓는 법을 배우기 위해 목수 학교에 입학했다. 그에게는 임원 승진이 특별한 일이 아니었기 때문이다. 무엇보다도 그는 자기 자신에게 솔직해지고 싶었다. 이에 남들이 보기에는 비록 초라해 보일지 몰라도 자신이 정말 하고 싶은 일을 선택했고, 이를 통해 행복이라는 인생 목표를 달성하고자 했다.

직장인이 임원이 되어서 얻는 돈과 명예는 매우 중요하다. 하지만 나이가 들수록 남들이 보내는 박수와 환호성 같은 칭찬에 의연해질 필요가 있다. 다른 사람의 말에 일희일비하며 살기에는 인생이 너무도 짧고 소중하기 때문이다. 이에 자신이 정말 하고 싶은 일과 역할이 무엇인지에 대해 진지하게 고민할 필요가 있다.

십 대 시절의 사춘기가 주체할 수 없이 들뜬 열정이라면, 인생 후반기에 맞는 사춘기는 냉정하고도 차분한 고뇌라고 할 수 있다. 이에 힘들고, 지루할 뿐만 아니라 정확한 해답 역시 없기에 끊임없이 그만두고 싶을 수도 있다. 하지만 그 유혹을 극복해야만 한다. 그래야만 자신이 꿈꾸던 행복과 만날 수 있기 때문이다.

온갖유혹이우리를흔들어대지만,

곧제자리로돌아오는사람은

내면깊은곳에

무게중심이있는사람이다.

자신만의무게중심을가진사람은

보기에도든든하고,

기대고싶을뿐만아니라

무슨일이든의논하고싶은,

그야말로미친존재감을가진사람이라고할수있다.

03

세상의 유혹에 흔들리지 않는
무게중심을 갖자

'가을 탄다'는 말을 듣는 남자들이 꽤 있다. 기온이 낮아지면서 호르몬 분비가 달라지기 때문인지 모르겠지만, 확실히 여름에서 가을로 넘어갈 즈음이면 남자들은 어느 정도 감성적으로 변한다. 나 역시 마찬가지다.

어렸을 때는 가을을 타는 것이 마냥 좋기만 했다. 거리에 나뒹구는 낙엽도 좋았고, 쌀쌀한 날씨에 옷깃을 여밀 때의 순간적인 포근함 역시 좋았다. 이에 나처럼 호르몬에 이상이 발생한 몇몇 친구들과 거리를 쏘다니며 동질감을 느끼기도 했고, 카페에서 커피를 마시며 가을밤의 낭만을 즐기기도 했다.

새파랗게 젊은 시절에도 가을이 그렇게 쓸쓸하고 낭만적으로 다가왔는데, 인생의 가을을 향해 가는 지금은 오죽하겠는가. 더더욱 특별한 뭔가가 있다.

무성한 여름을 지나 가을이 오면 풍성한 수확이 있기도 하지만 곧 다가올 겨울을 생각하지 않을 수 없다. 인생의 겨울이란 곧 삶을 정리한다는 의미이기도 하기 때문이다.

나름대로 최선을 다해 달려왔지만 그게 다가 아니라는 생각이 드는 것도 이맘때요, 어느 정도 성공을 이루었음에도 마음 한구석이 허전한 것도 이맘때다. 뭔가 빠진 것만 같은 허전함, 혼자 된 것만 같은 외로움, 그리고 이미 지나가 버린 것에 대한 미련과 아쉬움…….

그만큼 삶의 후반기는 흔히 말하는 사추기(思秋期)에 빠져 헤어나지 못하기 쉬운 때이기도 하다. 물론 가을은커녕 눈코 뜰 새 없이 바쁘게 지내는 사람도 많다. 하지만 누구에게나 인생의 가을은 반드시 찾아온다.

출근하고, 일하고, 퇴근하고, 동료들과 술 한 잔 마시고, 떠들고, 웃고, 울고, 잠드는 일상은 매우 소중하다. 하지만 너무도 익숙해서 살아가는 데 있어 필요한 성찰을 얻는 데 방해가 될 수도 있다. 그렇다면 이런 상황을 생각해보면 어떨까.

방바닥에 붙어서 기어 다니는 개미가 보는 상황과 사람이 위에서 바라보는 상황은 큰 차이가 있다. 개미가 더 가까이 있어서 부분적으로 더 정확하기는 하겠지만 큰 그림을 보는 데는 한계가 있다. 큰 그림을 보지 못하니 그릴 수도 없다. 그러니 나름대로 개미가 큰 그림을 그린다고 해도 사람이 보기에는 부족할 따름이고 채워지지 않는 목마름이 될 뿐이다.

우리의 삶 역시 그렇지 않을까. 최선을 다해 살아왔는데 뭔가 허전하다면 혹시 개미처럼 앞만 보고 달린 것은 아닌지 의심해볼 필요가 있다.

내가 열심히 그린 그림이 사실은 아주 작은 그림에 지나치지 않는지 한 번쯤 의심해볼 필요가 있는 것이다.

이와 관련해서 미국의 저명한 사회학자인 윌리엄 새들러 박사는《서드 에이지, 마흔 이후 30년》에서 이렇게 말한 바 있다.

"많은 사람이 중년기의 정체성 문제와 씨름하면서 여전히 사회적 제도와의 관련성에 초점을 맞춘다. 비본질적이고 외부적인 기준으로 성공을 가늠할 뿐만 아니라 자신에게 주어진 역할과 자신을 동일시하게 된다. 그 결과, 은퇴할 때까지 가능한 한 오랫동안 그것을 붙잡고 있으려고 한다. 그러나 자신이 수행하는 역할과 자신을 지나치게 동일시하면 은퇴 후에 초라해진 자신을 발견하게 되기 때문에 적응하기가 훨씬 더 어려워진다. 당신이 아무 역할도 없는 은퇴자의 역할로 접어들면, 당신은 도대체 어떤 사람이 될까? 어떤 사람들은 문화적 고정관념을 그대로 받아들여 너무 일찍 나이를 먹어버린다."

일상에 매몰되어 살다 보면 당연히 그럴 수 있다. 쓸데없이 고민거리를 늘릴 필요는 없다. 하지만 누구에게나 분명 한계가 느껴지는 때가 온다. 그럴 때는 자신을 되돌아보는 시간을 가져야 한다. 한쪽으로 지나치게 치우쳐 있지는 않은지, 정체성을 어디서 찾고 있는지, 일에만 너무 매몰되어 살고 있지는 않은지, 삶의 균형이 무너져 있지는 않은지 면밀하게 점검해봐야 하는 것이다.

특히 자신이 맡고 있던 직위와 자신을 동일시하며 살아온 사람들일수록 반드시 '내적 성찰'이 필요하다. 미리미리 대비하지 못하면 높은 직급에 있던 사람들일수록 은퇴 후가 힘들어지기 때문이다. 그러다 보니 은퇴 후 소일거리를 찾아 노인정에라도 가게 되면 젊은 시절 습관이 그대로 배어 나올 수 있다. 그 결과, 무조건 대접받으려고만 하고, 지시하며, 지적하려는 습성이 자신도 모르게 나오게 된다.

노인정으로 대표되는 사회는 나이가 우선이며, 선임(고참) 우선이다. 텃세 역시 만만찮다. 따라서 특별한 기술이나 인덕 없이 필부들과 어울려 살아야 할 상황이라면 다시 한 번 생각해볼 필요가 있다. 특히 군대나 경찰, 공무원 조직 등 상명하복이 분명한 조직에 몸담았던 사람이라면 더욱더 그렇다. 반면, 삶의 굴곡을 겪으면서도 고통을 직시하고 내면의 물음에 정직하게 답하며 살아온 사람들은 보기에도 편안해 보일 뿐만 아니라 목소리와 걸음걸이, 눈빛에도 전혀 흔들림이 없다.

성현들이 삶의 지혜를 통해 현대 과학이 밝혀낸 진리를 꿰뚫어보는 일은 어제오늘의 일이 아니다. 그렇다고 수천 년을 쌓아온 경험의 스펙트럼이 모든 걸 해결해주지는 않겠지만, 그 가르침 속에는 깊은 통찰이 담겨 있다.

공자는 사십 대를 일컬어 '불혹'이라고 했다. 사십이면 또래끼리 부딪치며 까불고 잘난 줄 아는 치기 어린 시절 이십 수년을 고려한다고 해도 십 년 이상 진짜 세상을 경험했다고 할 수 있다.

십 년이면 뭘 해도 모자람이 없는 시간이다. 그 시간을 겪은 사람이라면 중심을 잡고 살아야 한다. 작은 이익을 탐해서 가볍게 움직이는 일은 절대 삼가야 한다. 나 자신을 역할 모델로 여기는 사람들에게 실망을 주지 않기 위해서라도 더더욱 그래야만 한다.

물리학에서 무게중심이란 말을 자주 쓰곤 한다. 쉽게 말하면 균형점이다. 물체가 쓰러지지 않고 균형을 이루는 점에서 수직선을 그었을 때 수직선끼리 서로 만나는 점이 바로 그것이다. 그러니 무게중심은 물체 내부에 있는 셈이다.

균형을 이루는 점은 물체의 모양과 관련이 있다. 그러다 보니 세모 모양인지, 원 모양인지, 나무 모양인지 혹은 별 모양인지에 따라 각각 무게중심이 다르다. 우리 인생의 모양 역시 제각각이다. 그러니 무게중심의 위치 역시 제각각이다.

물체의 모양에 따라 달라지는 무게중심의 공통점은 그 위치가 낮아야만 쓰러지지 않는다는 것이다. 놓아두었다가 기울이면 곧 쓰러져버리는 물체가 있고, 기울어졌다가도 놓으면 곧 자기 자리를 찾는 물체도 있다. 오뚝이를 생각하면 쉽다.

우리 인생 역시 마찬가지다. 온갖 유혹이 우리를 흔들어대지만, 곧 제자리로 돌아오는 사람은 내면 깊은 곳에 무게중심이 있는 사람이다.

공자가 살았던 이천 년 전과 비교하면, 지금은 확실히 유혹이 많다. 또 불혹이 되었음에도 중요한 책임을 지지 못하는 경우가 많다. 그러다 보니 어른의 마음가짐을 경험할 기회 역시 옛날보다 많이 줄어든 게 사실이다.

공자 시대의 삶에 비해 평균 수명이 늘었기 때문에 불혹을 현대에 적용할 경우 오십 대가 될지, 육십 대가 될지는 모르겠지만, 사십 년이란 세월은 결코 짧은 시간이 아니다. 적어도 작은 깨우침 몇 번 정도는 충분히 겪었을 법한 나이이기 때문이다. 이에 성현들처럼 큰 깨우침은 아니더라도 삶의 중심을 잡을만한 작은 깨우침이라도 얻는다면 현대의 불혹이라 불리는 데 큰 무리는 없을 것이다. 나아가 내면에 자신만의 무게중심을 가진 사람은 보기에도 든든하고, 기대고 싶을 뿐만 아니라 무슨 일이든 의논하고 싶은, 그야말로 미친 존재감을 가진 사람이라고 할 수 있다.

04

책임의 무게를 즐기자

"과장님, 저 내일 휴가좀 쓰고 싶습니다."

"월차 사용한 지 얼마나 됐다고 또 휴가예요? 지금 납기에 쫓겨서 바쁜 거 몰라요? 품질부서에서 보낸 문제점 리스트에 민소연 씨가 직접 봐야 할 문제도 아주 많아요."

"아, 네. 저, 그런데 하필이면 그날이라서……."

요즘, 윤 과장은 미칠 지경이다. 같은 팀에 근무하는 신입사원이 월차에 보건휴가까지 꼬박꼬박 쓰기 때문이다. 그나마도 의미에 맞게 사용했으면 좋겠지만, 그녀의 보건휴가 날짜를 도저히 이해할 수 없다. 지난주 금요일에 보건휴가를 사용하고는 다시 일주일 만에 어떻게 보건휴가를 또 사용하는지 도저히 이해가 되지 않는다. 그렇다고 불러서 꼬장꼬장하게 따질 수도 없는 노릇이다.

얼마 후 부장과의 면담에서 그 고민을 털어놓았다. 자초지종을 말없이 듣고 있던 부장은 다음과 같이 조언했다.

"윤 과장, 우리가 그냥 속아줍시다. 숨구멍이라고 생각하자고요. 그걸 따지고 들면 이길 수는 있겠지만, 또 다른 문제로 이어질 거예요."

사회생활을 하다 보면 알고도 속아주고, 보고도 못 본 척, 듣고도 못 들은 척해야 할 일이 자주 생긴다. 그렇지 않고 그걸 모두 고치겠다며 망치를 들고 설쳤다가는 결국 먼저 지쳐서 나가떨어지기에 십상이다.

한겨울에 강이 아무리 꽝꽝 얼어도 어딘가에는 반드시 숨구멍이 있게 마련이다. 심지어 북극의 빙판 위에도 숨구멍은 있다. 때로는 알면서도 모른 채 넘어가야 할 때가 있는 것이다.

신혼 초부터였을 것이다. 집사람과 인사를 나눌 때 하이파이브를 했다. 허리 숙여 인사하며 예를 갖추는 건 꼴사나운 일이고, 민둥민둥하게 눈인사만 하기에는 부부 사이가 멀게만 느껴졌기 때문이다. 그렇다고 키스를 하는 건 성격상 부담스러워, 아침마다 좁은 신혼집 현관을 나서며, 단체 선서를 하는 사람처럼 누가 먼저랄 것도 없이 손바닥을 마주쳤다. 동시에 입으로는 키스 대신 '파이팅!'이라고 힘주어 말했다.

이는 곧 습관처럼 굳어졌다. 그리고 얼마 후 집들이에 온 회사 동료들 앞에서 나도 모르게 아내와 하이파이브를 하며 '파이팅!'을 외치고 말았다. 이를 지켜본 동료들은 재미있다며 박장대소했고, 특히 팀장은 그 날 이후 두고두고 그 이야기를 화제 삼았다.

팀장은 합리적인 사람이었다. 하지만 자신의 주장을 논리적으로 반박하지 못하면 그대로 밀고 나가는 독불장군 스타일이었다. 그래서일까. 의사소통이 쉽지 않았다. '회사 일이 최우선!'임을 외치는 팀장 앞에서 모두가 작아지기만 했고, 가정과 일 사이의 균형은 급격히 무너져갔다.

그러던 어느 날, 집사람의 출산을 앞두고 회사에 휴가를 신청했다. 그랬더니 ROTC 출신의 팀장은 우렁우렁한 목소리로 "네가 가서 무슨 도움이 되는데?"라며 면박을 주었다. 아이는 집사람이 낳는 것이고, 장모와 의사, 간호사가 도와줄 것이며, 문제가 생기면 병원에서 책임질 것이라는 얘기였다. 가봤자 밖에서 담배나 피우면서 들락날락하거나, 대기실에서 서성거릴 것이 뻔한데 뭐하러 가냐는 것이었다.

지금 같으면 어림도 없는 말이다. 그러나 그때는 딱히 반박할 말도 없었고, 대거리할 용기도 나지 않았다. 그렇다고 안 가자니 답답해서 뒤에서 욕만 무진 해댔다.

그리고 얼마 후, 이번에는 다른 동료가 출산휴가를 신청하러 갔다. 하지만 그 역시 "네가 가서 무슨 도움이 되는데?"라는 소리를 듣고 말았다. 그러나 그 동료는 나와 달랐다. 당당하게 자신의 의사를 표현했다.

"제가 만들었으니까, 제가 책임져야죠."

그러자 팀장은 헛웃음을 지었다. 그리고 '잘 다녀오라'며 그를 보내주었다.

그 일이 결정적인 계기가 되어 그 후로는 출산휴가를 자유롭게 쓸 수 있게 되었다. 벌써 십 년도 더 넘은 일임에도 불구하고, 그때 동료가 했던 말이 쉽게 잊히지 않는다.

"제가 만들었으니까, 제가 책임져야죠."

우리는 일상생활에서 '책임진다'는 말을 자주 쓰곤 한다. 일례로, 무슨 얘기를 하다가 "책임질 거야? 책임질 거냐고?"라는 말이 나오면 갈 데까지 간 것이다. 그다음부터는 말싸움이다. 그렇다면 책임진다는 건 도대체 뭘까.

전에 일하던 회사에서 설계 변경 제안을 강력히 추진하면서 책임지겠다고 큰소리를 친 적이 있다. 그러자 같이 일하던 선배가 물었다.

"어떻게 책임질 건데?"

"사직서 쓰면 되죠!"

그러자 조용히 듣고 있던 선배는 이렇게 말했다.

"그만두는 건 책임지는 게 아니야. 근무평가 최하위 등급 받아가면서 밤을 새워서라도 망가진 걸 원래 상태로 돌려놔야 책임지는 거지."

당연한 말이었는데도 그때는 그걸 몰랐다.

나이가 들수록 책임을 져야 할 일이 많다. 그리고 그 책임은 무겁기 그지없다. 그래서 '빙판의 숨구멍'처럼 숨 쉴 구멍이 필요하다. 그렇지 않고 그걸 간과하다 보면 후유증이 크게 남을 수도 있다.

후배 중 한 명은 과장으로 승진한 뒤에도 담당자로 일하고 싶다고 했다. 남들은 조금 더 앞서가지 못해서 안달인데 사원이나 대리급이 해야 하는 일을 맡고 싶다니, 참으로 의아한 일이었다. 나중에 안 사실이지만, 그는 책임의 무게로 인해 우울증을 앓고 있었다.

직장생활 역시 자아의 행복을 위해서 해야 한다. 그런데 가족의 행복을 위해서 나는 희생되어도 좋다고 생각한다면? 그저 안타까울 뿐이다. 그 생각 뒤에는 '내가 고생하는 걸 알아줘!'라고 외치는 미성숙한 어른의 모습이 있기 때문이다.

'피할 수 없다면 즐기라'고 했다. 하지만 나이 먹은 값으로 받은 계급장에 부여된 책임감은 피하려고 해도, 도망가려고 해도 결코 쉽사리 떨어지지 않는다.

그러니 피할 수 없다면 책임의 무게를 즐겨보는 건 어떨까? 그런 의미에서 지금부터 당당하게 자기 생각을 말하며, 자신 있게 업무에 임하자. 더불어 과실(果實)이 생기면 떳떳하게 따먹고, 책임질 일이 생기면 당당하게 책임을 지자. 그것이 바로 책임을 즐기는 것이다.

인디언부족사이에서 다툼이 일어나면

추장은 그들을 불러놓고

한사람에게 지팡이를 넘긴다고 한다.

그러면 그사람이 하고 싶은 얘기를 다 끝낼 때까지

상대는 무조건 기다려야 한다.

상대가 하는 얘기가 가당치도 않고

사실과 다르다고 할지라도

결코 입을 떼어선 안된다.

상대의 말이 끝나고

지팡이가 자신에게 넘어오면

그때 하고 싶은 말을 해야 한다.

05

말 잘하는 사람보다
잘 듣는 사람이 되자

인간이 동물과 다른 가장 큰 이유는 언어와 문자를 사용한다는 것이다. 만약 언어와 문자가 없었다면 지식의 축적이 일어나지 않았을 것이며, 지금과 같은 문명의 발달 역시 기대하기 힘들었을 것이다.

인간은 태어나면서부터 죽을 때까지 언어의 도움 없이 살아갈 수 없다. 이에 언어 소통이 자유롭지 못한 사람들의 경우 직접적이건, 간접적이건 누군가로부터 반드시 도움을 받아야만 살아남을 수 있다.

우리는 듣기, 말하기, 읽기, 쓰기의 순서로 언어를 습득한다. 재미있는 건 듣기만은 누구도 가르쳐주지 않는다는 것이다. 학교 역시 예외가 아니다. 말하기, 읽기, 쓰기는 학교나 집에서 선생님과 부모로부터 충분히 배울 수 있지만 듣기만은 그렇지 않다.

듣기에는 그냥 듣기(Hear)와 적극적인 듣기(Listen)가 있다. 그러나 적극적인 듣기, 즉 경청을 가르치는 학교는 거의 없다. 반면, 적극적인 보기는 읽기 과목으로 학교에서 가르친다. 즉, 책이나 기타 매체에서 정보를 찾는 기능을 연습시키고, 기술을 익히도록 하며, 선생님과 대화할 때 눈을 마주치라고 가르치는 것이다.

나이가 들면서 말이 '아' 다르고 '어' 다른 경우를 자주 접하게 된다. 심지어 그로 인해 법정까지 가서 다툼을 일삼고 재산적 이익을 보는 사람들도 여럿 보았다. "내가 할게"라고 해놓고 나중에 문제가 되면 "내가 한다고 했지, 꼭 한다고 했냐? 그건 그냥 지나가는 말이었어."라며 발뺌하는 경우도 적지 않게 봤다. 부끄러운 일이지만 책임을 면하기 위해서 그렇게 하는 것이다. 그 결과, 서로 성장시켜주고 발전시키기는커녕 말꼬리나 잡히지 않으려고 시간과 에너지를 쏟아붓는 경우가 많다.

> "대화를 잘하는 사람은 결코 말을 잘하는 사람이 아니다. 그들은 상대의 말을 잘 들어줄 뿐만 아니라 상대가 말을 잘할 수 있도록 이끄는 사람이다. 상대의 입이 열리고 마음이 열리도록 이끄는 사람인 것이다. 입이 열리지 않으면 마음도 열리지 않는다. 대화를 잘하는 사람은 몇 마디 하지 않고도 상대의 마음의 문을 연다."
>
> **-《데일 카네기의 인간관계론》 중에서**

십여 년 이상 사회생활을 경험한 사십 대에게 있어 대화란 과연 무엇일까. 또 지금까지 상사나 거래처의 눈치를 보지 않고 자신이 하고 싶은 말을 다하며 살아온 사람은 과연 얼마나 될까. 생각건대, 환경에 적응한 범위에서 대화하고 있을 확률이 높다.

혹시 자신이 원하는 걸 콕 집어서 말하지 못한 채 중언부언하면서 말할 기회만 노리고 있지는 않은가. 상대가 말을 하는 중에도 다음에 무슨 말을 해야지 라며 다른 생각을 하고 있지는 않은가. 또 상대가 침을 삼키는 0.1초의 순간에 말을 끊고 끼어들어 하고 싶은 말을 하지는 않는가.

"상대도 똑같은데 나만 꼭 그런 걸 지켜야 하나요?"라고 묻는 사람은 그래도 낫다. 자신의 대화 패턴을 제대로 인식하고 있기 때문이다. 하지만 무슨 뜻인지 전혀 감을 잡지 못하는 사람이라면 큰 문제가 있다. 그런 사람들은 경청을 배워야 한다.

스티븐 코비 박사가 경청에 관해 설명하면서 인디언 추장의 지팡이를 들고나온 적이 있다. 인디언 부족 사이에서 다툼이 일어나면 추장은 그들을 불러놓고 한 사람에게 지팡이를 넘긴다고 한다. 그러면 그 사람이 하고 싶은 얘기를 다 끝낼 때까지 상대는 무조건 기다려야 한다. 상대가 하는 얘기가 가당치도 않고 사실과 다르다고 할지라도 결코 입을 떼어선 안 된다. 상대의 말이 끝나고 지팡이가 자신에게 넘어오면 그때 하고 싶은 말을 해야 한다.

코비 박사는 그렇게 한 사람씩 하고 싶은 얘기를 하고 나머지 사람은 듣기만 해야 하는 상황을 경청에 대한 상징적 의미로 소개했다.

혼마 마사토 역시 그의 저서《아이의 잠재력을 열두 배 키워주는 마법의 코칭》에서 이렇게 말한 바 있다.

"올바른 경청은 '부정하지 않고 끝까지 듣는 것'이 그 핵심이다. 언뜻 쉬운 일처럼 보이지만 의외로 남의 말을 잘 듣는 사람은 그리 많지 않다."

상대의 입장에 서게 됨으로써 서로를 이해하게 되는 게 대화라면, 이야기하는 것보다 듣는 게 대화에 좀 더 가깝다고 할 수 있다. 그러니 그냥 들어주는 것보다 경청이 더 대화에 가까운 건 물론이다. 진정한 대화는 마음의 눈과 귀를 열고 상대의 내면을 보고 듣는 일이기 때문이다.

'그래도 내가 살아온 스타일이 있고, 우리 조직을 가장 잘 아는 사람인데, 우리는 그런 게 안 통해!' 라고 말하는 사람이 있을지도 모른다. 하지만 내가 속한 조직에 기여하고 싶어 하는 사람들 역시 매우 많다. 그들은 자신의 의견이 반영되기를 기대하고 의사결정 과정에 참여하고 싶어 한다.

일사불란한 의사전달 체계에 대해 시비를 걸 생각은 전혀 없다. 다만, 의사 전달보다 소통을 원할 경우 말하기보다는 듣는 것에 더욱 신경 쓰라고 말하고 싶다. 그러면 지금까지보다 훨씬 더 많고 좋은 제안이 쏟아져 들어올 것이다. 우리는 그중에서 가장 좋은 제안을 고르기만 하면 된다. 어느 쪽이 더 생산적이고 효율적인지는 고민할 필요가 없다.

더러는 대화를 논쟁으로 비약하는 걸 즐기는 사람도 간혹 있다. 치열한 논쟁 과정에서 새로운 해결책이 나온다고 생각하기 때문이다. 그러나 이 경우 치열한 사명감으로 묶인 집단을 제외하고는 그다지 효과가 없다. 그런 점에서 데일 카네기가 《인간관계론》에서 논쟁에 대해 설파한 말은 의미심장하다.

"나는 뉴욕에서 논쟁과 토론하는 법을 가르쳤다. 부끄러운 얘기지만 한때는 그 주제로 책을 쓰려는 생각도 했다. 그 일이 있고 난 후 나는 수천 가지의 논쟁에 대해 경청하고, 비판도 했으며, 참가도 하면서 논쟁의 영향을 지켜보았다. 그 결과, 논쟁에서 이기는 방법은 이 세상에 단 한 가지밖에 없음을 깨닫게 되었다. 그것은 논쟁을 피하는 것이다. 방울뱀이나 지진을 피하는 것처럼 논쟁을 피하는 수밖에 없다. 거의 언제나 논쟁은 양측 참가자 모두가 논쟁 이전보다 더 확실하게 자신이 옳다고 생각하는 것으로 끝나는 경우가 많기 때문이다."

나 역시 지금껏 참가한 논쟁에서 이와 다른 상황을 거의 보지 못했다. 다만, 엄청난 논쟁 후 마음이 여유로울 때 다시 만나서 "그때는 내가 미안했다"며 사과하는 경우는 몇 번 봤다. 하지만 그것도 아주 친한 사이일 경우에만 가능했다. 그렇다면 왜 이런 일이 생기는 것일까.

논쟁은 마음의 문을 닫아걸고 보고 싶은 것만 보고, 듣고 싶은 것만 듣도록 만들기 때문이다. 그러다 보니 상대가 원래 의도했던 내용은 전혀 중요하지 않고 겉에서 오가는 표현만 중요하다. 따라서 대화다운 대화가 결코 이루어질 수 없다.

회의 석상에서도 수많은 대화가 오간다. 예컨대, 사장이 회의를 주재하는 자리에서 당면 과제를 해결하기 위한 아이디어를 제시한다고 해보자. 처음에는 침묵이 흐르는 상황에서 대부분 이런 식으로 대화가 오갈 것이다.

A부장 : 사장님, 제 생각에는 자금 투입 후 공사를 진행하면서 투자자들을 설득하는 것이 회사의 신용이나 명분 등을 고려할 때 좋을 것 같습니다.

B부장 : 그걸 누가 모릅니까? 중요한 것은 그렇게 했을 때 누가 우리 돈을 보장해주느냐는 것 아닙니까?

사실 B부장의 의견은 아무런 내용이 없다. 대화가 계속되려면 B부장은 A부장의 의견에 발목을 잡을 것이 아니라 자신이 생각하는 해결책을 내놓아야 한다. 그런데도 그렇게 말한 것은 A부장보다 자기 생각이 훨씬 더 깊다는 인상을 사장에게 주고 싶기 때문이다.

혹시 자신의 대화 역시 이런 식으로 상대의 말꼬리를 잡고 논쟁을 유발하는 식으로 이어지고 있지는 않은지 한 번쯤 생각해볼 필요가 있다. 만일 그다지 잘못이 없는데도 불구하고, 왠지 자신이 따돌림을 받고 있다는 생각이 든다면 이런 일이 원인일 가능성이 높다.

06

쓸데없는 집착에서 벗어나자

경쟁에서 패하면 당장 어디까지 밀려날지 모른다. 자칫하면 직장을 그만둬야 할 수도 있다.

오랜만에 회사 다닐 때 모시던 상사 두 분을 만났다. 한 분은 임원까지 마치고 은퇴를 했고, 다른 한 분은 임원 승진을 눈앞에 두고 라이벌들과 경쟁을 해야 하는 처지에 있었다. 더욱이 그 상사는 장애를 가진 자녀가 있어서 매달 들어가는 돈 역시 만만치 않았다. 한마디로 살얼음판 위를 걷고 있었다.

상사는 소주 한 잔에 이런저런 얘기를 나누던 중 임원 승진에 대한 고민을 털어놓았다. 그러자 옆에서 그 이야기를 듣던 은퇴한 상사가 조심스럽게 입을 열었다.

"자네, 임원과 자녀 가운데 하나만 선택하라면 뭘 고를 텐가?"

순간, 상사는 멈칫했다. 그러더니 잠시 후 "당연히 자녀죠."라고 대답했다.

은퇴한 상사는 임원이라는 자리가 좋기는 하지만 생각만큼 그렇게 화려하고 엄청나지도 않을뿐더러 스트레스가 엄청나다고 일러주었다. 또 임원 승진 후 해고되는 경우도 적지 않다며, 너무 서두르지 말고 긴 호흡으로 멀리 보라고 조언했다. 그것이 자기 자신과 자녀를 위해서도 좋지 않겠냐는 말과 함께.

사십 대가 되면 앞으로 남은 인생을 짧은 승부로 갈 것인지, 긴 호흡으로 갈 것인지 삶의 방향을 결정해야 한다. 더 늦출 여유가 없다.

삶을 사계절에 비유하면 사십 대는 과연 어디쯤일까. 생물학적 나이로 따지면 여름쯤이 아닐까 싶다. 평균 수명이 팔십에 가까우니 중간 조금 넘었으면 한창 여름에 해당한다. 그러나 사회적 나이로 따지면 가을에 가깝다고 할 수 있다. 사오정이니 뭐니 해서 특별한 기술 없이 지내왔다면, 회사에서 이제 그만 나가주었으면 하고 바라는 시기가 바로 그즈음이기 때문이다. 특별한 기술을 가진 기술자가 아닌 다음에야 업계에 대한 통찰과 시장의 변화, 흐름을 감각적으로 읽을 줄 모른다면야, 내일이라도 당장 해고될 수 있는 것이 작금의 현실이다. 하지만 그런 능력은 저절로 얻을 수 있는 것이 아니다. 끊임없는 노력과 시행착오를 거치면서 치열하게 살아온 사람만이 터득할 수 있기 때문이다. 그래서 그런 사람이 드문 건 어쩌면 당연한 이치다.

라틴어에 '페르소나'라는 말이 있다. '남이 보는 나'라는 뜻이다. 사회적인 관계 속에서 맡겨진 임무를 수행해야 하는 경우가 바로 여기에 해당한다. 남자로서 해야 할 역할, 여자로서 해야 할 역할을 교육받은 대로 수행하게 되는 게 대표적인 페르소나라고 할 수 있다.

은퇴한 상사의 선택에 대한 질문은 페르소나를 단번에 벗겨버렸다. 지금 이런저런 복잡한 상황에서 허우적거리면서 고민하는 건 알겠지만, "네 행복의 근원은 뭐냐?"는 질문 앞에 발가벗겨진 나머지, 내면을 직시하자 해답이 나온 것이다.

사십 대가 지나면 이제 직장에서의 승부는 거의 끝나간다고 보면 된다. 앞으로 어떻게 될지, 스스로 다 알고 있지만 표현하지 못할 뿐이다. 다시 치열한 경쟁의 대열에 끼일 사람도 있을 것이고, 길게 호흡하려고 생각한 사람도 있을 것이다.

대기업에 재직하는 부장 100명에게 임원으로 승진할 가능성에 관해서 물었다. 그러자 33명이 50%가 넘는다고 대답했다. 나머지는 스스로 생각하기에 임원으로서의 역량이 부족하고 자신이 없지만 시켜주면 열심히 하겠다고 했다. 재미있는 것은 부장에서 임원으로 승진하는 비율 36.5%와 승진 가능성을 50% 이상이라고 답한 사람의 비율 33%가 얼추 비슷하다는 것이다. 이는 승진에 대한 확신을 가진 사람만이 임원이 된다는 뜻이 아닐까.

마흔이 되면 직급을 떠나 제2의 인생에 대해서 진지하게 고민해야 할 때다. 이기고 지는 게 문제가 아니다. 또 누가 성공하고, 실패하느냐의 문제도 아니다. 이는 바둑을 잘 두는 사람은 바둑으로 대결하고, 장기를 잘 두는 사람은 장기로 대결해야 하는 이치와도 같다. 태권도 선수가 어쩌다가 축구를 할 수는 있지만, 축구로 승부를 걸 수는 없지 않은가.

남의 일에 훈수는 잘 두지만, 자신의 상황은 잘 보지 못하는 것이 바로 우리 삶이다. 어느새 인생의 봄이 지났고, 얼렁뚱땅하다 보니 여름에 들어섰다. 그리고 곧 가을이 다가온다. 그러니 이제 곧 승부를 봐야 한다. 하지만 아쉬움이 진하게 남는 건 무엇 때문일까.

이렇게 해보는 건 어떨까. 승부를 볼 사람은 보되, 한 번 했으니 끝까지 가겠다는 생각은 접는 것이다. 길 끝에 누울 자리가 있는지 봐가면서 다리를 뻗어야 한다. 2막 인생은 그래야 한다. 물불 안 가리고 달려드는 이십 대도 아니고, 커리어를 만들어야 하는 삼십 대도 아니므로 더더욱 그렇다.

성공이라는 집착을 끊고, 남은 여름을 잘 활용해서 인생의 가을에 더욱 풍성한 수확을 올리려면 어떻게 하는 것이 좋을지 한 번쯤 진지하게 고민해보자.

07

돈에 너무 연연해하지 말자

한때 10억 원 열풍이 일었던 적이 있다. 이에 발맞춰, 언론은 사는 집을 제외하고 통장에 10억 원은 있어야 현재의 생활 수준을 노후까지 유지할 수 있다며 설레발을 쳤다. 그러자면 월급만으로는 도저히 안 되니 재테크를 배워야 한다면서. 이에 온갖 재테크 기법과 관련 정보가 매일 지면을 장식했다.

사실 노후를 대비하기 위해서 재테크를 해야 한다는 주장은 나무랄 게 없다. 그러나 거기에는 한 가지 오류가 있다. 즉, 지금부터 죽을 때까지 필요한 돈은 현재 생활 수준을 기준으로 하지 않아도 된다는 것이다. 마음먹기 나름이기 때문이다. 실례로 대형마트보다 재래시장에 자주 가면 생활비가 확실히 줄어든다. 채소며, 식료품을 대형마트보다 최소 20% 이상 싸게 살 수 있기 때문이다. 다른 생필품 역시 마찬가지다.

무분별하게 사용하는 신용카드 역시 과소비의 주범이다. 사실 신용카드는 외상거래다. 그런 점에서 '외상카드'라고 할 수 있다. 처음에는 안 쓰고 어떻게 사나 싶었지만 살다 보니 그 문제 역시 자연스럽게 해결되었다.

아버지가 전수해준 비법도 있다.

"네 아내와 사이좋게 지내라. 아내와 친한 것이 바로 돈 버는 비결이다. 둘이 친하면 먹을 것, 입을 것, 갖출 것 등 모든 면에서 돈이 적게 든다."

처음에는 무슨 말인가 싶었다. 하지만 시간이 지나고 보니 충분히 공감할 수 있었다. 그래서 그때부터 아내를 더욱 아끼고 사랑해야겠다고 다짐했다.

오랫동안 공무원으로 재직한 나유채 씨는 재테크를 모른다. 남들이 부동산이니, 주식이니 할 때도 우직하게 저축만 했다.

"재테크요? 저는 단순해서 그런 거 잘 몰라요. 그래도 자식 둘 잘 키웠고, 부모님도 모셨어요. 그리고 지금은 차도 있어요. 또 평생 이사 한 번 안 했고, 태어난 집에서 아직도 살고 있어요. 부동산이라고는 살던 집 허물고 그 자리에 새로 지은 집이 전부예요."

그래도 "돈이 있으면 좋지 않겠냐?"고 물었다.

그러자 그는 사람 좋은 얼굴로 이렇게 대답했다.

"장사하는 사람이 왜 공무원보다 돈을 많이 버는지 아세요? 그 사람들은 쓸 시간이 없어서 그런 거예요."

월급 조금 받는다고 투덜거리며 재테크니 뭐니 돈 될 일에 기웃거리는 일부 공무원들과는 아주 대조적인 모습이었다. 돈을 목적으로 여기지 않는 그의 모습에서 건강한 돈 관리가 무엇인지 알 수 있었다.

운전할 때 요리조리 빠지며 치고 나가 봐야 5분 차이밖에 나지 않는다는 걸 경험해본 사람들은 다 안다. 그에 반해 사고가 날 확률은 매우 높다. 그러니 5분이 인생에서 큰 의미가 있다면 모를까, 그렇지 않다면 교통규칙을 지켜가면서 운전하는 것이 좋다.

재테크가 유행하면서 리스크에 크게 둔감해지는 듯하다. 하지만 남들도 다 감수하니까 나도 하지 뭘, 이렇게 단순하고 안일하게 생각하면 큰일 나기에 십상이다. 자칫 잘못하면 집이 경매로 넘어갈 수도 있고, 월급이 압류를 당할 수도 있기 때문이다. 그렇게 되면 정말 치명적이다.

스콧 니어링과 헬렌 니어링 부부는 《조화로운 삶》에서 조화롭게 사는 데 필요한 태도로 돈에 대한 스티븐슨(Robert Louis Stevenson)의 다음과 같은 통찰을 인용한 바 있다.

"적게 벌고, 그보다 더 적게 써라."

10억 원은 있어야 한다는 말에 강박적인 생각을 가지고 패배의식을 갖거나, 영원히 끝나지 않는 벌을 받은 신화 속의 거인처럼 쳇바퀴 도는 목마른 삶을 살고 싶은가?

돈이 없다고 해서 원수 같은 돈이라고 결코 욕해선 안 된다. 그보다는 번 것보다 더 적게 쓰고 알뜰하고 편안하게 사는 것이야말로 훨씬 더 조화롭고 행복하게 사는 최고의 비결이라고 할수 있다.

08

너무 조급해하지 말자

"너희들이 가는 부서의 별명이 뭔지 알아? 아오지야, 아오지! 거기 최 부장님 만나서 열심히들 해라!"

사회에 첫발을 내디뎠을 때 한 선배에게서 들었던 말이다.

시커먼 얼굴에 형형한 눈빛이 빛나던 최 부장님은 슈퍼맨처럼 항상 활력이 넘쳤다. 또한, 가장 먼저 출근하고, 가장 늦게 퇴근했다. 그뿐만 아니라, 말만 했다 하면 반박할 수 없는 옳은 말만 주르르 쏟아놓아 부서원 모두를 쩔쩔매게 했다. 공부는 또 얼마나 열심히 하는지 업무에 관한 최신 정보와 지식은 물론 외국어 실력 역시 누구도 당할 수 없었다. 술자리에서조차 카리스마가 넘쳐서 그 앞에만 서면 누구도 대들지 못했다. 더욱이 가장 연장자였던 까닭에 절대적인 권력을 행사했다.

그는 영원히 그 자리에서 나를 비롯한 직원들을 압도할 것만 같았다.

도무지 대체할 사람을 떠올릴 수 없었다.

그러나 '화무십일홍(花無十日紅)'이라고 했던가. 입사한 지 6년이 지날 무렵, 그는 다른 회사로 전직했다. 그런데 왠지 모르게 기분이 이상했다. 아무도 대체할 수 없을 것만 같았던 그가 스스로 물러난 것도 그러려니와 그 자리를 다른 사람이 와서 채워도 부서가 잘 돌아갔기 때문이다.

그 일을 계기로 다시 한 번 '영원한 것은 없다'는 사실을 깨닫게 되었다. 그도 그럴 것이 악몽만 같았던 고3 시절도, 도저히 끝나지 않을 것만 같았던 군 생활 역시 결국 끝이 났으니까.

옳다고 생각하는 것이 당장 실현되지 않으면 억울해하며 속에서 열이 펄펄 끓었던 젊은 시절이 안타깝다. 아름답긴 하지만 너무 급했다는 생각이 들기 때문이다.

기다리면 다 해결될 것을 당장 먹지 못해 익지도 않은 것을 서둘러 먹으려다 일을 망친 것이 한두 번이 아니다. 그러고 보면 기다릴 줄 아는 것이야말로 무시할 수 없는 큰 능력이라는 생각이 든다.

직장생활 초년병 시절 가장 싫었던 일이 있다. 바로 '스폿오더(Spot-order)'다. 갑자기 떨어지는 일이 얼마나 힘들던지, 그것만 없으면 마음 편히 살 것만 같았다. 일하다가도 과장이 불러서 가보면 "이 문제 좀 검토해봐."라며 또 다른 일거리를 떠넘겼다.

직장에서 상사가 부여하는 일을 거절한다는 건 감히 상상도 할 수 없다. 그러다 보니 내가 할 수 있는 일이라고는 입을 삐죽 내미는 것이 고작이었다. 그러니 술자리에서 불만 리스트 1호는 당연히 스폿오더였고, 그것이 없어져야 한다는 나름의 논리 역시 매우 탄탄했다.

하지만 스폿오더는 결코 사라질 수 없었다. 그 사실을 적지 않은 세월이 흐른 후에야 비로소 알게 되었다. 하지만 해결 방법 역시 존재했다. 그것도 의외로 간단했다. 스폿오더까지 고려해서 여유를 갖고 일을 하면 되었기 때문이다.

신호가 막히면 그 새를 참지 못하고 샛길로 차를 모는 운전자들이 있다. 그들 중에는 길눈이 밝다고 자신하는 사람도 있고, 저리로 가면 될 것 같다고 지레짐작하는 사람도 있다. 그들의 공통점은 하나같이 자신의 운전 실력을 과신한다는 것이다. 그러나 우리는 경험을 통해 충분히 알고 있다. 샛길로 가면 잠깐은 앞서갈지 모르지만, 그곳 역시 곧 막힌다는 사실을. 자신과 똑같은 생각을 하는 사람들이 그곳으로 몰려들기 때문이다. 결국, 서로가 서로를 막는다.

거래를 모르는 사람들은 접대를 잘해서 계약이 성사되었다고 말한다. 하지만 그 사실을 잘 아는 사람들은 성사되었기 때문에 감사의 뜻으로 접대한다고 말한다. 또 모르는 사람들은 성사되기 전에 접대를 요구하거나 제공하려고 하지만, 그걸 아는 사람들은 성사 후 서로 감사의 의미를 담아 식사를 함께한다.

서로가 품질과 수량, 가격에 만족하고 문제가 생기지 않도록 모든 일이 처리되어야 찬밥에 소찬이라도 맛있는 법이다. 간혹 뱃심 좋은 저팔계처럼 우선 먹고 보자는 사람을 못 본 바 아니다. 하지만 그런 사람일수록 반드시 변고가 생긴다. 샛길로 접어들기 때문이다. 눈앞만 보고 가는 사람은 결코 멀리 가지 못한다. 길이 곧 막히기 때문이다. 따라서 먼 길을 가야 하는 사람일수록 그런 선택을 해서는 안 된다.

담배를 피우는 학생들을 대상으로 금연 등산 프로그램을 진행한 적이 있다.

어느 날, 학생들과 등산을 하러 가는 참이었다. 높지 않은 산이었지만 산봉우리 두 개를 넘어야 했기 때문에 3시간도 빡빡한 일정이었다.

등산을 해본 사람은 알겠지만, 어느 산이나 깔딱 고개가 있게 마련이다. 그 산에서는 계단이 깔딱 고개였다. 사실 산에서 계단은 그리 반갑지 않은 존재다. 등산로야 각자의 체력에 맞춰 조금씩 가면 되지만 경사지를 따라 설치된 계단은 한참 오르다 보면 피로도가 두 배 이상 쌓이기 때문이다.

그 날 역시 결국 계단을 만났다. 그러자 아이들은 빨리 가겠다는 생각에 계단을 뛰어 올라가기 시작했다. 천천히 가자고 했건만 도통 말을 듣지 않았다.

산에서 뛰는 건 절대 금물이다. 체력이 금방 고갈되고 말기 때문이다. 결국, 천천히 걸어 올라간 내가 가장 먼저 정상에 도착했다.

얼마나 먼 길을 생각하느냐는 사람마다 다를 것이다. 몇 시간 뒤를 생각하는 사람도 있으며, 죽음 너머의 시공간까지 염두에 두는 사람도 있기 때문이다.

삶에서 어떤 신호등은 너무 오래 기다리게 하고, 또 어떤 신호는 그 주기가 매우 짧다. 그래서 때로는 신호가 바뀌지 않으면 신호등이 고장 난

건 아닐까 하고 조바심을 치며 샛길로 갈 생각을 하는 사람도 있다. 아마 그런 생각을 전혀 안 해본 사람은 없을 것이다.

　나이가 들수록 샛길이 더없는 유혹이 될 수 있다. 나이를 더 먹기 전에 뭔가 승부를 내야 한다는 조급증 때문이다. 하지만 급하다고 샛길로 접어들면 반드시 막히게 마련이다.

　그럴수록 신호가 바뀔 때까지 여유롭게 기다릴 줄 알아야 한다. 그렇다면 신호가 바뀌지 않으면 과연 어떻게 해야 할까. 그럼 거기까지다. 행여 샛길로 빠져서 억지로 갈 생각은 꿈에도 하지 말자. 될 일은 되고, 안 될 일은 어떻게 해도 되지 않는다는 사실을 이미 삶을 통해 충분히 배우지 않았는가.

우리를 아주 어렸을 때부터

지켜본 부모님이나 선생님, 친구일수록

우리의 발전을

가장 예민하게 알아챈다.

나아가 그런 피드백은 성공의 신호가 된다.

근본을 잊지 않는 사람은

누구보다도 먼저

그 신호를 수신할 수 있다.

09

근본을 잊지 말자

　"옛날에 심청이라는 소녀가 앞을 볼 수 없는 아버지를 봉양하면서 살았어. 그런데 어느 날, 아버지 눈을 뜨게 해주려고 공양미 삼백 석에 팔려가 서해에 빠지고 말았어. 더욱이 그녀가 그렇게 지극정성으로 모셨던 아버지는 뺑덕어멈에게 속아 거지 신세가 되고 말았지 뭐야. 하지만 하늘이 도왔는지 서해 용왕님 덕분에 살아난 심청은 왕비가 되었고, 그녀의 아버지 역시 눈을 뜰 수 있게 되어 아주 행복하게 살았어."

　옛날이야기에는 이와 같은 선악 대결구도가 많다. 선이 행복하게 살고 있는데, 갑자기 악이 끼어들어 훼방을 놓지만 결국, 선이 승리하고 행복해진다는 것이다. 그렇다면 선이 승리하게 되는 힘은 과연 어디서 나오는 것일까.

　필연적으로 누군가의 도움을 받게 된다. 도움이 되는 어떤 물건을 주기도 하지만, 용기를 북돋워 주고, 자신감을 불어넣어 주기도 하며, 깨달음을 주기도 한다. 결국, 정신적인 에너지를 강하게 받아 행복을 되찾게 되는 것이다. 그것이 축복이라면 지나친 것일까.

분명한 건 축복받은 사람은 곧 허락받은 사람이며, 허락받는다는 건 인정받았다는 것이다. 나아가 인정받았다는 건 정통성을 가졌다는 뜻이기도 하다.

사실 정통성은 매우 큰 영향을 미친다. 조직에서는 복종을 요구할 수 있는 권위를 의미하며, 개인에게는 심리적 무게를 덜어줄 뿐만 아니라 삶에 긍정적 에너지로 작용하기 때문이다.

버스를 타고 가다가 우연히 한 청년의 전화 소리를 엿듣게 되었다. 청년은 화가 났는지 소리가 다 들리도록 큰소리로 통화하고 있었다.

"아이참, 전원을 눌러보라니까."

"눌렀어?"

"통이 안 돌아간다고?"

"아니, 그 상태에서 동작 버튼을 눌러."

"눌렀어?"

"그럼 잠시 기다려봐, 엄마!"

"아까도 그랬다고?"

"아이참, 괜히 샀네. 쓸 줄도 모르는 거. 끊어!"

청년의 어머니가 세탁기가 고장이 나서 전화를 한 모양인데, 통화내용이 영 사나웠다. 나는 청년을 물끄러미 쳐다보았다. 멀쩡하게 생긴 데다

양복을 말끔하게 차려입은 것이 직장인이 틀림없어 보였다. 그런데 왜 그리 경박스러운지.

러시아 속담에 "권력은 무덤에서 나온다."는 말이 있다. 이는 레닌의 시신을 방부 처리한 후 두고두고 경배하던 공산주의 소련에서 유래한 속담이다.

레닌은 권력을 세습하지 않았다. 그러나 후임 권력자들은 레닌의 상징성을 권력의 정통성을 인정받는 수단으로 활용하려고 필사적으로 노력했다. 이 세상에 없는 사람의 축복이 필요했기 때문이다. 그도 그럴 것이 살아서 돌아다니며 이런저런 충고를 하거나 간섭을 하지는 않았지만, 그 시대에 레닌은 절대로 죽지 않았다. 많은 사람이 그를 기억하고 있었기 때문이다.

일본의 우익 정치인들 역시 해마다 광복절(일본에서는 패전기념일)이 되면 태평양 전쟁의 전범들이 합사된 야스쿠니 신사를 참배한다. 비록 우리에게는 전범이지만 일본인들의 기억 속에 그들은 애국자로 남아 있기 때문이다.

남녀가 결혼하기 전 부모님의 허락을 받는 건 당연한 일이다. 누가 시키지 않아도 다들 그렇게 한다.

"아버지, 어머니 현아 씨와 결혼하고 싶어요. 허락해주세요."

이렇게 말했다고 한다면, 속뜻은 "우리의 결혼을 축복해주세요"라는 의미다.

축복은 본능적인 부분이다. 밥을 먹거나, 섹스하는 것과 비슷하다. 이렇게 말하면 칭찬과 축복을 헷갈리는 사람들이 있을지 모른다. 이에 약간 덧붙이자면, 이미 이루어진 일에 대한 것이 칭찬이라면, 축복은 미래지향적인 것이다. 예컨대, 청소를 깨끗이 한 아이에게 잘했다고 하는 건 칭찬이요, 연예인이 되고 싶어 하는 아이에게 "아빠가 도와줄게, 열심히 해봐"라고 말하는 건 축복이다. 그렇다면 축복은 누가 해주는 걸까.

축복은 누구나 해줄 수 있지만 대개 권위자 혹은 선임자가 해주는 것이다. 민주주의 국가에서 절대 권위는 국민에게 있다. 국민의 뜻을 수렴해서 축복을 받을 수 있고, 그렇지 않은 경우에는 먼저 있던 사람으로부터 받는다. 그래서 선임자는 중요하다.

가정이나 국가는 축복 시스템이 구축되어 있지만, 조직은 그렇지 않다. 특히 공정한 조직일수록 인사권자 개인의 호불호보다는 다년간의 근무상황, 주변의 다면평가, 실적이 크게 반영된다. 그러다 보니 어떤 사람은 승진하고 나서 사람이 변했다는 소리를 듣기도 한다. 이에 대한 그들의 주장은 한결같다.

'내 실력으로 내가 승진한 건데, 뭐가 어때서?'

레닌을 유리관에 넣어놓고 두고두고 참배하는 러시아의 권력자들이나 야스쿠니 신사를 참배하는 일본 정치인들이 정말 그들을 존경하고 사랑해서 그런 일을 하는 것일까. 그들이 두려워하고 마음을 사고 싶은 사람들은 레닌과 전범을 좋게 기억하는 일반 국민이다.

내 눈에 아무리 못나 보이고, 부족해 보여도 그 사람을 좋아하는 사람들도 분명 있다. 따라서 그들에게서도 축복을 받고, 미래를 함께 열어나가야 한다. 꼭 권력이 아니더라도 지나간 사람을 기억하고 찾는 것은 아름다운 일이다. 지나갔다고 함부로 한다면 그를 기억하는 사람들과는 한 배를 탈 수 없기 때문이다. 선장이 되려고 열심히 노력했는데, 막상 선장이 되고 나니 사람들이 전임 선장을 더욱 따른다면 과연 어떻게 되겠는가.

오늘의 내가 있도록 해준 사람들을 절대 잊지 말자. 당연히 내가 잘났고, 내가 열심히 노력했으며, 처세를 잘했기 때문에 오늘의 내가 있는 것이라고?

맞는 말이다. 그 누구도 그것을 부인하지 않는다. 하지만 그런 얘기는 자기 입으로 하는 게 아니다. 남의 입을 통해서 들어야만 더욱 가치 있고, 의미 있기 때문이다. 더욱이 우리를 아주 어렸을 때부터 지켜본 부모님이나 선생님, 친구일수록 우리의 발전을 가장 예민하게 알아챈다. 나아가 그런 피드백은 성공의 신호가 된다. 근본을 잊지 않는 사람은 누구보다도 먼저 그 신호를 수신할 수 있다.

목숨을 걸어야 하는

전쟁터가 아니더라도,

아플 때는 곱게 아파야 한다.

나아가 가장으로서의

품위를 유지할 필요가 있다.

가족의 소중한 시간 역시

갉아먹어선 안 된다.

가족의 시간을

나의 시간처럼 소중히 여기고,

그들의 일을 나의 일처럼

최고의 가치로 대해야 한다.

10

아파도 곱게 아프자

몸이 아픈데 누구 하나 신경 써주지 않은 것만큼 서운한 일도 없다. 특히 그것이 가족이라면 그 섭섭함의 정도는 더하다. 가족을 위해 아침부터 밤까지 몸이 부서져라, 열심히 일했는데 아무도 몰라준다는 생각에 서운함을 넘어 서글프기조차 하기 때문이다.

하지만 이 사실을 알아야 한다. 내가 아픈 걸 다른 사람은 절대 알 수 없다는 걸. 바꿔 생각하면 다른 사람이 얼마나 아픈지 나 역시 알 수 없다. 공감할 뿐이다.

독화살을 맞은 관우가 독 기운을 제거하려고 살을 가르고 뼈를 긁어내는 치료를 받으면서도 바둑을 두었다는 유명한 일화가 있다. 고도로 정신을 집중해야 하는 바둑을, 그것도 수술을 받으면서 두었다니, 사실 여부를 떠나 리더가 고통을 대하는 자세가 어떠해야 하는지 상징적으로 보여주는 이야기라고 할 수 있다.

관우는 수많은 부하가 자신을 지켜보고 있다는 사실을 알았기에 그런 초인적인 힘을 발휘할 수 있었을 것이다. 그 결과, 수술 후 그의 존재감이 부하들에게 어떻게 인식이 되었는지는 쉽게 짐작할 수 있다.

비단 목숨을 걸어야 하는 전쟁터가 아니더라도, 아플 때는 곱게 아파야 한다. 나아가 가장으로서의 품위를 유지할 필요가 있다. 가족의 소중한 시간 역시 갉아먹어선 안 된다. 가족의 시간을 나의 시간처럼 소중히 여기고, 그들의 일을 나의 일처럼 최고의 가치로 대해야 한다. 아무것도 바라는 것 없이 그렇게 해주는 것이야말로 가장으로서 반드시 해야 할 의무이기 때문이다.

"그렇게 하면 가족들이 알아줄 것 같아? 천만에!"

물론 이렇게 절규하는 가장도 있을 것이다. 그런데 그런 가장들 역시 이미 그렇게 했다. 그 결과가 마음에 들지 않았을 뿐이다. 그 이유는 과연 무엇일까. 너무 많은 걸 바랐기 때문일까. 아니면, 가족들이 철저히 외면했기 때문일까.

분명한 것은 나이가 들수록 덜 기대하고, 더 베풀어야 행복하다는 것이다. 예를 들면, 똑같이 밥을 먹더라도 "어머, 식욕이 왕성하시네요."라는 말 대신 "식탐이 참 많으시네요."라는 말을 듣는 것이 나이 듦의 현실이다. 나이 들어서 부리는 욕심은 그렇게 추하게 인식된다.

아플 때 역시 마찬가지다. 따라서 아파도 의연할 필요가 있다. 만일 그렇지 않고 어린아이들처럼 퇴행적인 행동을 보이게 되면 가장으로서의 권위를 잃기 쉽다. 특히 그런 행동을 가족들이 받아준다면 더더욱 그렇다. 그런 사람은 겉으로만 가장일 뿐 이미 가족 중 누군가가 가장의 역할을 대신하고 있을 수도 있다.

제3장

결국은 가족밖에 없다

아내는 완벽하게 자신을 버리고
남편과 아이들의 입장에서
생각할 줄 아는 눈을 갖추게 되었다.
나아가 자기 자신만을 생각하던
고집 세고 콧대 높은 예쁜 아가씨에서
남편과 아이들을 걱정하는 다정한 아내이자 엄마가 되었다.
철저하게 개인적인 성취에 매달렸던
나와는 매우 대조적인 모습이었다.
아내는 그렇게 아름답게 변했다.
허지만 그렇게 되기까지는 무척 외롭고 힘들었을 것이다.
또 눈물도 많이 흘렸을 것이다.
아내를 존경해야 하는 건,
아내만큼 가족을 위해 희생하고
인내심을 발휘한 사람이 없기 때문이다.

아내를 존경해야하는 건,

아내만큼 가족을 위해

희생하고 인내심을 발휘한 사람이 없기 때문이다.

자신을 희생하면서

아이들을 위해, 남편을 위해,

누구보다도 더 치열하게 노력하고

눈물 흘렸을 아내.

그래서 아내는 존경받아 마땅하다.

01

아내를 존경하자

직장 근처에 재래시장이 있다. 그곳에 가면 칼국수 한 그릇에 이천오백 원 하는 곳이 있는데, 싸기도 하지만, 그 양 역시 푸짐하고, 맛도 좋아, 항상 손님이 바글거린다. 박봉의 직장인들에게는 그런 곳이 큰 즐거움 중 하나다. 그곳에 갈 때마다 얼마나 행복하고 마음이 푸근해지는지 모른다.

한번은 직장 선배 두 분을 모시고 그곳에 간 적이 있다. 한참 맛있게 칼국수를 먹고 있는데, 선배 중 한 분이 건너편을 가리키며 뭐라고 했다. 무슨 말인지 몰라 건너편을 쳐다봤더니, 80대로 보이는 노부부가 칼국수 한 그릇을 가운데 놓고 함께 식사를 하고 있었다.

나는 얼핏 고개를 갸우뚱거리며, '돈이 없어서 그런가?'라는 물음표를 단 채 선배를 쳐다봤다. 하지만 그 예상은 보기 좋게 빗나가고 말았다.

"저렇게 되기가 쉽지 않아. 나이 들어서 부부가 저렇게 칼국수 한 그릇을 사이좋게 나눠 먹는다는 건 보통 금슬이 아니거든."

선배는 자신은 아직 직장에 다니고 있으며, 퇴직 후에는 연금도 받을 테지만, 저렇게 될 자신이 없다고 했다. 그러면서 노부부를 마냥 부러워했다.

그 모습을 보면서, 문득 결혼하던 때가 생각났다.

뭐라도 금방 해낼 것만 같았던 27살. 대학 졸업과 동시에 남들이 부러워하는 회사에 취업했고, 사랑하는 여자가 있었기에 망설이지 않고 결혼식을 올렸다.

나이도 어느 정도 먹었고, 직장도 있었으며, 결혼까지 했으니, 외형적으로는 누가 보더라도 어엿한 사회인이었다. 하지만 그때는 미처 몰랐다. 결혼과 더불어 진정한 삶이 시작된다는 걸. 나도 이제 어른이라고 생각했는데 풋내기에 불과했다는 사실을 뒤늦게 깨달았기 때문이다.

김현철 씨는 한때 어깨 생활을 한 적이 있다. 하지만 지금은 깨끗이 손을 씻고 누구보다도 더 행복한 가정을 꾸리고 있다. 과연 그가 그 무시무시한 조직생활에서 벗어나게 할 수 있었던 계기는 과연 무엇이었을까.

그에 의하면, 결혼이 결정적인 계기가 되었다고 했다.

"10대 시절, 고등학교를 세 군데나 옮겼음에도 불구하고, 졸업을 못했을 정도로 말썽을 자주 부렸어요. 그러다가 집사람을 만나서 결혼할 때쯤 결심했죠. 그랬더니 친구들이 저더러 정말 지독한 놈이라고 하더군요. 10년 동안 단 한 번도 친구들에게 연락하지 않았거든요. 그런데도 이상하게 내 가정을 지키려면 그렇게 해야겠다는 생각이 들더라고요. 돌이켜보면, 모두 집사람 덕분이죠. 그때 손을 씻지 못한 친구들은 아직도 그 세계에서 벗어나지 못한 채 빈둥거리며 살고 있으니까요. 하지만 더 큰 문제는 그들 중 누구도 행복해 보이지 않는다는 거예요. 그도 그럴 것이 자식들에게 자신의 직업조차 제대로 말할 수 없으니까요. 그에 반해 저는 제 자식들 눈을 떳떳하고 똑바로 바라볼 수 있다는 걸 큰 기쁨으로 생각하며 살고 있어요."

그렇다면 아내의 무엇이 그를 하루아침에 그렇게 변하게 하였을까.

"글쎄요. 저를 믿고 결혼해준 집사람이 그냥 안쓰러웠어요. 저 때문에 고생한다고 생각하니, 괜히 그런 마음이 생기더라고요. 그래서 지금도 직장에 갔다가 점심에 잠시 시간을 내서 집안일을 도우려고 돌아오곤 해요."

과연 어떻게 하면 그런 생각을 할 수 있을까. 그 노하우가 궁금했다. 그래서 그의 아내에게 남편이 이렇게 되기까지 뭘, 어떻게 했냐며, 그 비결을 물었다.

"비결이요? 그런 거 없어요. 그냥 저도 똑같아요. 저 사람이 힘들게 일하는 걸 보면 너무 안쓰러워요. 그래서 점심때 집에 오면 화를 내기도 해요. 그 시간에 좀 쉬지. 왜 힘들게 오느냐고요."

이렇게 서로를 존중하고 아끼는 모습 때문일까. 두 사람 모두 표정이 그렇게 밝고 행복해 보일 수 없었다.

아니나 다를까. 자녀교육에서도 부부의 가치관이 그대로 반영되어 있었다.

아이들이 공부에 흥미가 없다는 걸 일찍 간파한 부부는 대학 진학보다는 자신이 좋아하고, 정말 하고 싶은 일을 하라고 권유했다고 한다.

그렇다면 정작 두 사람의 꿈은 무엇일까.

"두 분에게도 정말 간절한 꿈이 있지요?"

"글쎄요. 지금 건물 철거 일을 하고 있는데 하다 보면 고철이 좀 생겨요. 그걸로 고물상을 한번 해보고 싶어요. 그리고 돈이 좀 모이면 3층짜리 빌딩을 사서 노후대비를 하면서 다른 사람들을 도우며 살고 싶어요."

내심 부러웠다. 서로를 자유로운 존재로 인정하고, 동반자로서 서로를 아끼는 모습이 무척 보기에 좋았다. 비록 말은 하지 않았지만, 상호 동등한 존재로서 서로를 존중하는 자세가 지금의 두 사람을 이렇게 행복하게 만들지 않았나 싶었다.

그에 반해, 나는 결혼 후 아내를 통제하려는데 급급했다. 아울러 직장에서 성공할 수 있도록 도와주는 역할만 하기를 내심 기대했다. 한마디로 전근대적인 내조를 아내에게 바란 것이다. 하지만 아내는 똑똑한 사람이었다. 내 의견을 무조건 맹목적으로 좇지 않았기 때문이다. 그러다 보니 크고 작은 충돌이 자주 생겼다. 이에 가장으로서, 남자로서 꿈꾸었던 나의 달콤한 꿈은 그리 오래가지 못했고, 급기야 결혼을 후회하기에 이르렀다.

그 결과, '내가 왜 이 여자랑 결혼했을까?' 라는 생각에 속상한 적이 한두 번이 아니다. 특히 나는 마음 다스리는 일에 매우 서툰 사람이었기에 한 번 그런 생각에 휩싸이고 나면 가슴에 무거운 돌덩이를 달고 있는 것처럼 무척 힘들었다. 나아가 그런 착각이 사그라지기까지는 꽤 오랜 시간이 필요했다.

아내를 이해할 수 있기까지는 아이들의 역할이 컸다. 아이를 키워본 사람은 알겠지만, 아이들 챙긴다는 게 여간 힘들고 어려운 게 아니다. 그래서 '애 본 공은 없다'는 말도 있지 않던가.

아내는 피곤해서 죽겠다고 하면서도 그것을 훌륭하게 해냈다. 아이들이 밖에 나갔다 돌아오면 반드시 씻기고, 때맞춰서 밥을 먹였으며, 숙제를 돕고, 운동을 시키고, 준비물을 챙기고, 학원을 보냈다. 그리고 집안 행사를 빠짐없이 챙겼다. 더욱 놀라운 것은 이런 일들을 실수 한 번 없이 해냈다는 것이다.

만일 아내가 아이들을 챙기지 않았다면 과연 어떻게 되었을까. 아이들은 비루먹은 말처럼 되어 버렸을지도 모른다. 집 역시 폭탄 맞은 전쟁터처럼 변했을 수도 있다. 이에 언젠가 아내에게 이렇게 물은 적이 있다.

"아이들 챙기고, 집안 행사 챙기는 것, 도대체 무슨 정신으로 다 하는 거야?"

"그걸 진짜 몰라서 물어? 나는 그게 보여. 아이들 숙제 안 한 것, 계절에 안 맞게 옷 입은 것, 옷에 뭐 묻은 것, 방에 먼지 떨어진 것, 집안 행사

등등. 내가 뭘 해야 하는지, 그런 게 다 보인단 말이야. 당신은 안 보이지?"

마치 그럴 줄 알았다는 표정으로 아내가 나를 향해 물었다.

"당신에게 중요한 건 도대체 뭐야? 체면? 성공? 가족?"

"당신이 온몸과 마음을 바쳐야만 한다면, 그건 뭐야?"

"누가 당신 곁에 끝까지 남아 있을 것 같아?"

"당신을 진정으로 아끼는 사람은 누구야?"

"인정받고 싶은 사람이 있다면, 그게 가족이야, 다른 사람이야?"

돌이켜보면, 나는 성공하려고 끊임없이 발버둥 쳤다. 그도 그럴 것이 1년 365일 중 추석과 설날을 제외하고 363일을 회사에 출근했다. 회사에서, 상관에게 인정받고 싶은 생각뿐이었기 때문이다. 그러면서 가족에게 갖은 생색을 냈고, 외식과 용돈으로 그간의 소홀함을 무마하려고 했다. 일과 가정 사이의 균형을 잡으려고 시도조차 하지 않았다. 그러다가 건강이 조금씩 안 좋아졌고, 비로소 아내의 소리 없는 질문에 귀를 기울이게 되었다.

내가 직장생활에 쏟은 정열과 노력 이상으로, 아내는 가족에게 충실했다. 특히 그 과정에서 자신만의 이해관계와 세상의 편견으로부터 완전히 벗어났을 뿐만 아니라 자신을 완벽하게 버리고 남편과 아이들의 처지에서 생각할 줄 아는 눈과 마음을 갖게 되었다. 나아가 자신만을 생각하던 고집 세고 콧대 높은 여자에서 남편과 아이들을 걱정하는 다정한 아내이자 엄마로 변해갔다. 철저하게 개인적인 성취에 매달렸던 나와는 매우 대조적인 모습이었다. 아내는 그렇게 아름답게 변했다. 하지만 그렇게 되기까지는 무척 외롭고 힘들었을 것이다. 또 눈물도 많이 흘렸을 것이다.

하지만 그것이 나만 그랬던 건 아닌가 보다. 미국 대통령을 지낸 지미 카터는 그의 저서 《아름다운 노년》에서 이렇게 말한 바 있다.

"가장 가깝고, 가장 사랑하는 가족들의 삶에 큰 영향을 줄 일인데도, 내 야심에 이끌려 혼자 결정하고 밀어붙였던 젊은 날의 이기적인 나를 되돌아보니 놀랍기도 하고 가슴이 아프기도 하다. 내가 이런 문제를 극복하는 법을 배워 함께 인생을 즐길 수 있게 되기까지 기다려준 아내야말로 인내심이 정말 강한 사람이다."

가정을 유지하는 것이 남녀 간의 열정적인 사랑의 힘만은 아니다. 남자의 박력과 카리스마는 더더욱 아니다. 부부간의 은근한 정도 아니다.

아내를 존경해야 하는 건, 아내만큼 가족을 위해 희생하고 인내심을 발휘한 사람이 없기 때문이다. 자신을 희생하면서 아이들을 위해, 남편을 위해, 누구보다도 더 치열하게 노력하고 눈물 흘렸을 아내. 그래서 아내는 존경받아 마땅하다.

똑같은 문제라도

나이가 들면

훨씬 더 크고 심각하게 받아들이게 된다.

따라서 삶의 후반기로 갈수록

안정적인 관리가 필요하다.

그런 점에서

안정기에 능력을 발휘하는

여자가 가정을 끌고 가는 것이 좋다.

나이가들면
아내에게 권력을 넘기자

　나이가 들면 이런저런 상황에서 신체의 변화가 서서히 느껴지곤 한다. 그중 가장 극적인 것은 시력이다. 어느 날부터인가 자신도 모르게 눈살을 자꾸 찌푸리게 되고, 아이들이 셀카 사진을 보여준다며 휴대폰을 눈앞에 바짝 들이밀기라도 하면 초점이 맞지 않아 팔 길이만큼이나 멀찌감치 떨어트린 후 봐야하기 때문이다.

　운전할 때 역시 마찬가지다. 눈에 뭐가 잔뜩 낀 것처럼 뿌옇게 보이는 것이 여간 신경 쓰이는 것이 아니다. 꽤 무딘 편인 나조차 그러니, 예민한 사람들은 말할 필요도 없을 것이다.

　최근 들어 눈의 초점이 잘 잡히지 않아 병원을 방문했다. 혹시 말로만 듣던 백내장이나 녹내장은 아닐까 하고 덜컥 겁이 났다.

　의사는 이런저런 검사를 해보더니 단순한 노안이라며 눈 관리를 잘

하라고 했다. 믿어지지 않았다. 그래서 다른 병원 두 군데와 대학병원 한 군데를 더 가 보고 나서야 노안이란 사실을 받아들였다.

의사는 컴퓨터 작업을 많이 해서 다른 사람보다 조금 더 일찍 노안이 왔다며, 요즘은 이십 대 청년들에게도 노안이 발생하는 경우가 종종 있다고 했다. 조금 위안은 되었지만 씁쓸함을 완벽히 지울 수는 없었다.

서울 지하철 2호선이 막 개통되었을 때다. 지하철을 타고 학교에 가려는데, 어떤 꼬마 여자애가 길을 물으면서 '아저씨'라고 불러 한나절 동안 멍했던 기억이 있다. 스스로는 대학생이고, 아저씨라는 호칭과는 전혀 어울리지 않는다고 생각했는데 그런 말을 들으니 현실 인식이 제대로 되지 않았기 때문이다.

의사로부터 노안이란 말을 들었을 때 역시 그와 비슷한 기분이었다.

나이가 들면서 신체의 변화가 느껴지면 참 이상한 생각이 든다. 사춘기 때 2차 성징이 나타나면서 느껴지는 몸의 변화와는 달리, 왠지 사그라지고 있다는 생각에 서글퍼지기 때문이다.

생각해보니 무릎도 좀 안좋아진 것 같고, 유연성 역시 눈에 띄게 떨어진 것 같다. 이에 알통도 잡아보고, 거울 앞에서 웃통을 벗어젖힌 채 갖은 폼도 잡아보지만, 백 번 봐도 예전의 그 몸은 아니다.

'젠장, 이 나이에 벌써!'

믿을 수 없는 몸의 퇴화를 보니, 왠지 퇴물이 되어 가는 느낌이다. 아직 엔진이 멀쩡해서 잘 탈 수 있는데 왼쪽 헤드라이트가 나간 차가 된 느낌이다. 여전히 몰고 다니는 데는 아무런 문제가 없는데도 마음 한구석이 허전하고 자꾸만 신경이 쓰인다.

병원에 다녀온 날 저녁, 아내에게 위로라도 받을 생각에 그 날 있었던 일을 이야기했다.

"여보, 나 노안이래."

"노안?"

"응, 수정체를 조절하는 능력이 좀 떨어져서 가까운 게 안 보이는 거래."

"아, 그래. 그럼 사는 데는 지장이 없는 거잖아."

"어, 맞아."

"그럼 됐지, 뭐. 신경 쓰지 마. 나이 들면 다 그렇지, 뭐."

그러고 보면 좋은 글만 찾아 읽고, 좋은 강의라면 먼 길 마다치 않고 찾아가서 듣는 나보다도 아내가 훨씬 더 세상일에 달관하고 사는 듯하다.

물론 신이 인간에게 신체 기능의 퇴화를 준 것이 얼마나 다행인가 싶을 때도 있다.

직업이 교사이다 보니, 아이들과 함께 지내다 보면 보고도 못 본 척, 듣고도 못 들은 척해야 하는 경우가 적지 않다. 봤다고, 들었다고 모두 꼬장꼬장 따지고 들면 아이들과 어울릴 수 없기 때문이다. 심지어 아이를 훈계하고 나서 돌려보낼 때 뒤돌아서 작게 욕하는 소리도 못 들은 척해야 할 때가 적지 않다. 불경스런 몸짓 역시 못 본 척해야 한다. 그걸 참지 못하고 달려들어 아이와 다투는 사람도 간혹 있긴 하다. 하지만 나는 못 들은 척, 못 본 척하고 만다. 그런데 나이가 들면서 독수리 같은 시력과 호랑이 같은 청력이 자연스럽게 약해졌다고 하니, 얼마나 다행스러운 일인가. 하물며 그것이 일반 직장이라고 다를까. 상사가 되면 못 본 척, 못 들은 척해야 할 일이 매우 많을 것이다. 그걸 잘 구분해서 대응하는 사람이 기대고 싶고, 존경받는 사람이 되는 게 아닐까 싶다.

사실 노안이 오는 건 일종의 신호라고 할 수 있다. 위기 상황에서는 남자가 능력을 발휘하고, 평화 상황에서는 여자가 능력을 발휘한다고 한다. 사실 남자나 여자나 지력(知力)에는 큰 차이가 없다. 다만, 남자의 경우 앞뒤 따지지 않고 밀어붙이는 '막무가내' 기질이 있는 반면, 여자는 차근차근 요모조모를 잘 따지고 챙기는 특성이 있다. 그 때문에 대체로 남자보다는 여자가 가정생활을 잘 꾸린다. 그래서일까. 가정생활에 대해서 남편과 아내가 느끼는 인식의 차이 역시 매우 크다. 잘 모르겠다면 다음 글을 보자.

"나는 갓 태어난 어린 아들 잭을 사랑했고, 아이와 함께 하는 시간을 즐겼지만, 그와 관련한 책임에 대해서는 별로 생각하지 못했다. 상륙 허가를 받아 집에 돌아가면 우선 몇 분 동안 아내 로잘린에게 선상에서 내가 하는 일에 대한 개인적인 불만을 털어놓으며 그동안 있었던 일을 들려주었다. 아내는 내 말을 참을성 있게 듣고 나서 아기의 성장에 대해, 넉넉하지 않은 예산으로 가계를 맞추어야 하는 고민에 관해서 이야기했다. 이렇게 서로 나눈 삶에 대해 아내가 만족하고 있다고 나는 생각했다. 그러다 보니 일과 여가 사이에 균형을 지키는 것이 얼마나 기쁜 일이고, 어린 시절 친구들과 경험을 나누는 것이 얼마나 즐거운 일인지 잊고 말았다. 해군의 임무에 대해 몰두하다 보니 아내를 전혀 배려하지 않았다는 생각도 들었다. 단, 하룻밤도 일상에서 벗어나거나 주말여행을 간 적이 없었기 때문이다. 유모차를 끌고 집 주위 거리를 돌아다니거나 전차를 타고 가까운 쇼핑센터에 오가는 것이 고작이었다. 배에서 내려 생활하는 동안에는 식료품이나 기저귀 등의 생필품을 산다거나 하는 일상적인 가사에는 전혀 신경 쓰고 싶지 않았다."

-미국 전 대통령 지미 카터, 《아름다운 노년》 중에서

살면서 아파트 분양을 두 번 받았다. 한 번은 삼십 대 초반이었고, 또 한 번은 사십 대 초반이었다. 당첨되는 건 인연이 없어서 모두 미분양아파트를 샀다. 그런데 공교롭게도 두 번 다 건설사에 문제가 생겨서 공사가 중단되고 말았다. 당연히 계약자들 사이에서 난리가 났다. 그렇다면 그것이 내게 미친 충격의 강도는 어땠을까.

삼십 대 초반에는 신경도 쓰지 않았다. 아무런 고민 없이 '어떻게 되겠지, 뭐'라고 생각했고, 시간이 흘러 아파트에 입주했다. 하지만 나중에 들으니, 그게 사실은 무척 큰일이었다고 한다.

그 후 사십 대에 또 한 번 똑같은 일을 당했다. 하지만 그때 느낀 충격의 강도는 삼십 대에 느꼈던 것과는 많이 달랐다. '왜 나한테만! 그것도

두 번씩이나 이런 일이 생기는 거야'라며 폭발하고 말았기 때문이다. 이에 식욕이 떨어지는 건 물론 밤잠까지 설쳐야 했다. 분양 보증을 들었다고는 하지만 입주가 지연되는 것부터 시작해서 이자 부담까지 모든 것이 머릿속에 떠오르며 엄청난 스트레스를 받았다. 그러나 결과는 마찬가지였다. 얼마 후 아무런 일도 없었다는 듯이 공사가 재개되었기 때문이다.

삼십 대 때는 작은 손해를 손해라고 생각하지 않았다. 하지만 사십 대 때는 작은 것이라도 따지게 되었다. 특별히 약해서 그렇다기보다는 나이가 들면서 안정에 대한 욕구가 그만큼 커진 탓이다.

똑같은 문제라도 나이가 들면 훨씬 더 크고 심각하게 받아들이게 된다. 따라서 삶의 후반기로 갈수록 안정적인 관리가 필요하다. 그런 점에서 안정기에 능력을 발휘하는 여자가 가정을 끌고 가는 것이 좋다. 가정 전문가인 아내에게 인생 후반의 행복이 달려있기 때문이다. 만일 젊은 시절부터 그렇게 해왔다면, 그 가정은 너무도 축복받은 것이다. 하지만 그렇지 못했더라도 고민할 필요 없다. 지금부터 실천해도 절대 늦지 않기 때문이다.

03

아이들에게 모범을 보이자

'서울대학교 수석 입학 아무개!'

신문에 날만 한 일이다. 만일 자신의 자녀가 그렇게만 된다면 집이라도 팔아서 지원할 사람이 부지기수일 것이다.

핵가족화가 수십 년에 걸쳐 진행된 탓에 이제 대부분 가정에 자녀가 한두 명에 불과하다. 이에 대부분 부모는 자녀가 잘될 수만 있다면 온 힘을 다해서 뒷바라지하고 싶은 심정이다.

얼마 전 한 학생이 인문계 고등학교에서 우리 학교로 전학을 왔다. 참고로 내가 근무하고 있는 학교는 특성화고등학교로 학생들의 성적이 인문계 고등학교에 비해서 낮은 편이다. 그 학생의 성적은 상위권이었다. 이에 아이가 전학을 온 이유가 궁금했다.

"너 왜 전학을 왔니? 성적도 좋은데, 공부 계속하지 그랬어?"

"네? 공부에 자신 있기는 한데…… 과외도 못 받고, 학원도 마음껏 못 다녀서 내신이 안 좋아요. 그래서 내신 잘 받아서 대학 가려고요."

뭔가 부끄러운 일을 하다가 들킨 것처럼 아이가 얼굴이 빨개진 채 말했다.

알고 보니 성적 분포가 좀 특이했다. 수학 성적은 1등급인데, 다른 과목은 7등급짜리도 있었다. 말하자면, 수학처럼 혼자 고민하는 시간이 많은 과목은 성적이 최상급인데 반해, 기타 과목, 즉 학원 수강이 필요했던 과목은 성적이 좋지 않았다. 하지만 돈이 없으니 따라가기는 어렵고, 그렇다고 손을 놓고 있자니 원하는 대학에 갈 수 없어 고민 끝에 특성화 고등학교로 전학을 온 것이다.

사실 특성화고등학교 학생들은 굳이 대학을 가려고 마음먹은 학생이 아닌 다음에야 내신에 크게 신경 쓰지 않는 편이다. 그런 점에서 앞서 말한 학생처럼 내신을 노리고 전학을 오기에는 좋은 환경일지도 모른다. 하지만 전문교과가 많고, 실습의 비중이 매우 높기 때문에 잘못하면 성적이 더 떨어질 수도 있다. 그런데도 그 학생은 전학을 실행에 옮겼다.

전학을 결심하고 실행에 옮기기란 절대 쉽지 않았을 것이다. 생각건대, 그 아이는 아마 마음이 크게 성장했을 것임이 틀림없다. 비록 부모님이 최선을 다해 뒷바라지했지만, 가정 형편이 어려워 과외를 받거나 학원에 다닐 수 없었던 까닭에 스스로 진로를 개척하는 방법을 찾았기 때문이다. 또 아이는 친구들 가운데 아무도 가지 않는 길로 뛰어드는 용기를 보여주었다. 거기에는 부모님의 지원과 격려가 있었음은 물론이다.

세상 좀 살아 봤다는 어른들도 하기 어려운 생각과 과감한 실천으로 미래를 향해 도전장을 던진 것이다.

부모가 삶을 대하는 태도는 아이들에게 큰 영향을 미친다. 그런 점에서 정보나 지식, 지혜보다 중요한 건 굳센 마음이 아닐까 싶다.

아이들은 처음에는 학교에서 가르쳐주는 지식과 친구 사이의 리더십을 통해 성장하지만, 어느 정도 시간이 지나면 한계에 부딪히게 마련이다. 이때 스스로 찾아서 공부하고, 일하면서 지식의 회로망을 부지런히 연결하고 현실과의 차이점을 나름대로 해석하고 받아들일 줄 아는 아이들은 더욱더 성장할 수 있다.

흔히 하는 말로 '돈이 돈을 번다.'는 말이 있다. 예를 들면, 1억 원이 생기면 자신이 일해서 벌어들이는 수입 외에도 그 돈으로 투자해서 벌어들이는 수입이 생기는 것이다. 순수하게 일해서 벌어들이는 수입에 플러스알파가 생기니 돈이 돈을 벌게 되는 셈이다.

정보나 지식이 경험과 만나 숙성되면서 생기는 지혜 역시 이와 비슷하지 않을까. 한 번 지혜로운 말이나 행동으로 득을 보게 되면 연쇄반응이 일어난다. 나아가 인내하고 결단하고 행동하는데 있어서도 전보다 훨씬 더 자유로우면서도 여유가 생기게 된다.

아버지는 지하실에서 아이들에게 공부를 가르쳤다. 어머니는 공부와 봉사를 병행했다. 이역만리 타국에서 인종차별을 당한 날, 시무룩한 모습의 아이들에게 어머니는 다음과 같이 말했다.

"억울하지? 엄마도 그래. 하지만 차별받는 것에 속상해하기만 하면 지는 거야. 동양인으로서 미국 사회를 도울 수 있다는 자부심으로 차별을 이겨내야 해."

아버지, 어머니가 끊임없이 공부하고 사회를 위해 봉사하는 모습을 보며 자란 고광림, 전혜성 부부의 여섯 자녀는 보란 듯이 자라서 성공했다. 특히 장남 고경주 씨와 차남 고홍주 씨는 미국 보건부 차관보와 국무부 법률 고문을 지내 화제가 되기도 했다.

널리 알려진 이야기이지만 들여다볼수록 신기하기 그지없다. '우연히 그렇게 된 거지'라며 가볍게 넘어갈 수도 있지만, 확률적으로 너무나 희박한 일이 이 집안에서만 연속으로 일어났다면, 뭔가 탁월하고 특별한 점이 있다고 생각해야 하지 않을까. 이에 미국 교육부에서도 이 가정을 연구 대상 가정으로 지정한 바 있다.

과연 그 가정에는 어떤 비결이 있는 것일까. 이에 대해 전혜성 박사는 다음과 같이 말한 바 있다.

"아이들은 부모를 보고 자란다는 사실을 결코 잊어서는 안 됩니다. 저의 경우 끊임없이 공부하고 사회를 위해 봉사하는 모습이 아이들에게 좋은 영향을 주었다고 생각합니다. 또 한국을 알리는 일을 함으로써 미국 사회에서 정체성 위기를 겪을 수 있는 아이들에게 긍지를 심어주었습니다."

부모는 자녀에게 모범을 보여야 한다. 부모가 아무리 돈과 시간이 많아도 자녀의 부족한 점을 모두 채워줄 수는 없다. 아이들은 부모가 하는 행동을 통해서 뭔가를 배우기 때문이다.

부모가 솔선수범하는 모습을 보여주는 것만큼 가장 큰 교육도 없다. 그런 점에서 부모가 뭔가를 향해 끊임없이 노력하고, 그것을 이루기 위해 최선을 다하는 것이야말로 가장 좋은 자녀교육법이라고 할 수 있다.

지금 아이들은

멘토이자, 조언자로서의

부모를 원한다.

자녀교육을 포기하라는 말이 아니다.

오히려 필요할 때

강하게 밀어붙이기 위해서라도

평소에 관계를

잘 만들어 놓아야 한다.

04

아이들과 소통하자

직업상 남 앞에 서는 경우가 많다. 주로 내가 알고 있는 걸 전달하거나, 내가 속한 조직의 상황을 대변하는 경우가 대부분이다.

학부모를 대상으로 진로에 관한 강연을 할 때였다. 푸른 초원에 그림 같은 풍경 사진을 보여주며 다음과 같이 물었다.

"이 사진을 보며 무엇을 느끼시나요?"

그러자 다양한 대답이 쏟아졌다.

"그곳에서 살고 싶어요."

"너무 멋있어요."

"그곳에 사는 사람들이 부러워요."

사실 그 그림을 보여준 이유는 '푸른 초원 증후군'에 대해서 설명하기 위해서였다. 겉보기에는 매우 멋있어 보일지 모르지만, 막상 그곳에는 편의시설이라고는 전혀 없다. 그뿐만 아니라 먹을거리 역시 직접 해결해야 한다. 심지어 화장실에서 볼일 본 것도 직접 치워야 하며, 추운 겨울을 나려면 땔감 역시 직접 구하지 않으면 안 된다. 하지만 대부분 사람의 경우, 그런 사실은 전혀 고려하지 않은 채 겉보기에 멋있다는 이유만으로 제 생각을 결정하고 만다.

아이들의 진학 문제 역시 마찬가지다. 적지 않은 학부모가 미래에 대한 진지한 고민 없이, 겉모습만으로 너무도 쉽게 아이들의 진로를 결정하곤 한다. 좋은 대학을 나와 대기업에 취직해서 경제적으로 넉넉한 삶을 살게 되면 결혼도 좀 더 좋은 조건에 할 수 있으니 자식들도 행복할 것 아니냐는 것이다. 이에 학부모 대부분이 전문대보다는 반드시 4년제 대학을 가야 한다고 주장한다. 딴에는 맞는 말이다.

대학을 졸업하는 사람이 매년 56만 명쯤 된다. 2010년 삼성경제연구소에서 발표한 〈청년 고용 확대를 위한 대학교육 혁신 방안〉에 관한 보고서에 의하면, 2009년 대학 졸업생의 대기업 취업률은 12.6%에 불과했다. 하지만 여기서 말하는 대기업은 우리가 알고 있는 대기업과는 약간의 괴리가 있다. 여기서 말하는 대기업이란 종업원 300명 이상에 자본금 80억 원 이상인 기업을 말하는 것으로 우리가 한 번도 들어보지 못한 기업도 다수 포함되어 있다. 그러므로 우리가 상식적으로 인정하는 대기업에 취업하는 대학 졸업생은 12.6%보다 훨씬 적다고 보면 된다.

막연하게 '대학을 보내 놓으면 어떻게 되겠지'라는 생각이 학력 인플레를 일으켜 고학력 시대를 만들었다고 할 수 있다. 그런 점에서 대기업 역시 푸른 초원 증후군의 일종인 셈이다.

상황이 이런데도, 아직도 많은 학부모가 "그래도 4년제 대학을 나와야만 사람대접이라도 받을 수 있다"며 자녀들에게 대학 진학을 강권하고 있다.

심지어는 이런 말도 있다.

"4년제 대학을 다녀야 좋은 친구를 만날 수 있다."

"명문대를 졸업해야 선배들하고 잘 엮여서 출세한다."

이런 얘기에 공감하는 어른들이 꽤 있을 것이다. 하지만 다음과 같은 질문에는 뭐라 대답해야 할까.

"지금까지 살아오면서 학교 친구 덕에 잘된 사람 손 들어 보세요!"

"학교 선배가 끌어줘서 성공한 사람 있으면 나와 보세요!"

분에 넘치게 많은 학부모 앞에서 강연을 해왔지만 단 한 번도 그런 사람을 만난 적이 없다. 오히려 '학교 친구한테 사기나 안 당하면 다행이지'라는 반응을 들은 적은 많다.

결론적으로 푸른 초원에 가서 살려면 지식과 체력, 용기와 담력, 인간미, 사회성, 협상력 등 갖춰야 할 것이 꽤 많다. 그러니 막연한 환상만 갖고 가면 적응하지 못할 확률이 그만큼 높다.

많은 책에서 도전만이 아름다운 지상가치처럼 말하지만, 자녀에게 무모한 도전을 독려하는 건 삼가라고 권하고 싶다.

자식농사는 끝이 없다. 부모로서 자녀가 자신보다 더 멋진 삶을 살도록 돕고 싶은 건 인지상정이라고 할 수 있다. 또 세상 모든 부모는 자녀가 행복하기를 바란다. 그래서 이런저런 충고와 조언을 아끼지 않으며, 때로는 매를 들기도 한다. 하지만 부모 마음대로 안 되는 것이 자식농사다. 이에 자꾸만 엇나가기만 하는 자녀를 바라보며 많은 부모의 마음이 새까맣게 타들어 가곤 한다. 하지만 어쩌겠는가. 그것이 인생인 것을.

우리 부모들 역시 우리를 보며 똑같은 심정을 느꼈을 것이다. 이렇게 하면 성공이 보이는데 아무리 말해줘도 도통 들을 생각은 않고 아까운 시간만 허비하니 얼마나 안타까웠겠는가. 그러고 보면 알면서도 모른 척해주고 도움을 구할 때까지 기다려 주는 게 부모일지도 모른다는 생각이 든다.

대기업에서 기술영업을 하다가 퇴직한 조승현 씨는 현재 치킨 가게를 운영하고 있다. 퇴직 후 몇 년 동안은 지인의 일을 도와주며 독립을 꿈꾸기도 했지만, 곧 그 꿈을 접고 치킨 가게를 차렸다. 하지만 양복에 넥타이를 매고 출근을 하다가 요리 모자에 앞치마를 두르고 닭을 튀기려니 영 쉽지 않다고 한다.

중학교와 대학에 다니는 아이 둘을 둔 그 역시 다른 부모들처럼 자녀교육에 관심이 많다. 그러나 남들처럼 학원을 보내거나 고액 과외를 시킬 여력은 없다. 더욱이 부부가 함께 치킨 가게에 매달려야 하는 상황이다 보니, 아이들을 보면 안쓰럽기 그지없다. 아이들에게 특별히 해줄 만

한 게 없기 때문이다. 이에 시간이 날 때마다 많은 대화를 나누는 것이 고작이다.

"저 어릴 때 이야기도 해주고, 아이들 이야기도 들어주다 보면 간혹 밤을 꼬박 새울 때도 있어요. 하지만 그게 제가 유일하게 해줄 수 있는 방법이에요. 솔직히 제가 돈으로 애들한테 해줄 수 있는 건 없어요. 그래서 성적 같은 거로 야단을 치지는 않아요. 조금이라도 이뤄놓으면 아이들이 그걸 배경으로 좀 더 크게 되길 바랄 뿐이죠."

그렇다면 아이들은 그런 아버지에 대해서 어떻게 생각할까.

"아빠하고 얘기를 많이 나눠서 집안 사정을 좀 알아요. 그래서 우리 가게에서 아르바이트하며 용돈을 벌어 써요. 가끔 아빠가 매우 힘들어할 때가 있는데 그럴 때면 뭐라고 표현할 수 없는 마음이 들어요."

그 얘기를 듣는 순간, 머릿속에 '소통'이란 말이 떠올랐다. 아이들과 걸림돌 없이 통하는 모습이 왜 그리 부럽든지……. 요즘 문제가 되는 자녀교육의 모범답안을 본 것만 같았다.

진로문제로 아버지와 갈등하던 13세 소년이 집에 불을 질러 일가족이 몰살한 사건이 화제가 된 적이 있다. 과연 이는 그 학생만의 문제였을까. 하지만 문제는 다른 데 있다. 그 학생은 실행에 옮겼지만 차마 실행에 옮기지 못한 채 부글부글 끓으며 화를 참고 있는 아이들이 한둘이 아니기 때문이다. 요즘은 그런 시대다.

아버지가 산과 같은 존재감으로 집안을 이끌어가던 시절이 있었다. 이에 감히 똑바로 바라보기도 어려웠을 뿐만 아니라 아버지 말에 대꾸

하는 것 역시 있을 수 없는 일이었다. 만일 그 시절이 그리운 아버지가 있다면, 이것 역시 큰일이다.

시대가 변했다. 환경에 적응하지 못한 공룡이 멸종했음을 기억해야 한다.

지금 아이들은 멘토이자, 조언자로서의 부모를 원한다. 자녀교육을 포기하라는 말이 아니다. 오히려 필요할 때 강하게 밀어붙이기 위해서라도 평소에 관계를 잘 만들어 놓아야 한다.

자녀와의 친밀도가 100톤이라면 밀어붙이는 강도는 100톤을 넘어서는 안 된다. 그걸 넘어서면 자녀와의 관계에 금이 가기 때문이다. 만일 넘었다면 얼른 친밀도를 보수해야 한다. 그러니 자신이 하고 싶은 충고나 간섭이 200톤짜리라면 그 전에 친밀도를 200톤으로 올려놓는 작업이 필요하다.

축구에서 심판의 실수로 우리나라가 지기라도 하면 난리가 난다. 심판을 욕하고, 상대국을 비난하기 일쑤다. 그런데 그날 텔레비전 인터뷰에서 대표팀 선수가 이런 말을 했다고 생각해보라.

"네, 물론 아쉽기는 하지만 심판의 실수 역시 경기의 일부입니다. 다음 경기에서 최선을 다하겠습니다."

다소 맥이 빠지는 인터뷰지만, 인생을 그렇게 통찰해 표현한 말도 드물지 않을까 싶다.

아이들을 보고 있으면 인생은 돌고 돈다는 말이 가슴에 와 닿는다. 내가 했던 실수를 그대로 반복하고 있기 때문이다.

서로의 상황을 잘 이해한다면 오해와 왜곡은 그만큼 줄어든다. 자녀가 아빠에게 "술 마시지 마세요.", "운동 좀 하세요.", "엄마에게 좀 더 친절히 대하세요."라며 매일 잔소리를 해댄다면 아빠의 기분은 과연 어떨까. 물론 자녀는 자신이 아는 한도 내에서 아빠에게 도움이 되라고 말하는 것이다. 아마 아빠와 소통이 되지 않는 자녀가 느끼는 심정과 크게 다르지 않을 것이다. 그런데도 소통보다 성적이 더 중요하다고 생각한다면 굳이 말릴 생각은 없다.

헛발질도 축구다.

그렇다면 헛발질을 줄이기 위해서는

어떻게 해야 할까.

다른 게 없다.

그저 열심히 축구를 하는 것이다.

그러다 보면 헛발질이 서서히 줄어들게 된다.

감독이 아무리 말해줘도

어느 정도 경험이 쌓이기 전에는

절대 고쳐지지 않는다.

한국어로 말하지만,

외국어로 들리는 것이나 마찬가지이기 때문이다.

05

어른들의 말로
아이들을 가르치지 말자

한옥 사랑채로 들어 대청(거실) 쪽을 향하면 '불발기창'이 보인다. 우물 정(井)자 모양의 무늬를 넣은 문짝의 가운데 부분에는 한지를 한 겹만 붙이고 위, 아래로는 여러 겹을 붙인다. 그러면 가운데 부분만 더 밝게 보이는데 그걸 불발기창이라고 한다.

한지를 통해 걸러지고 정제되어 전해지는 대청의 불빛은 마음을 편안하게 해준다. 밝기로만 따지자면 그냥 뻥 뚫어서 불빛을 방 안으로 고스란히 비치게 하면 된다. 하물며 뭔가를 거쳐야 하고 기다려야 하는 불발기창 같은 것은 성질 급한 현대인들의 효율과 스피드 논리에 맞지 않을 수도 있다. 하지만 그것이 오히려 마음을 편안하게 해주니 이를 어떻게 설명해야 할까.

중년을 넘기면서 마음 한구석에 조선 사대부의 삶이 부럽다는 생각이 대청 불빛처럼 은근슬쩍 스며든 적이 여러 번 있다. 비록 부모님께 효도하고, 가족들에게 모범을 보여야 하며, 자기관리에 엄격함은 물론 사회적으로는 노블레스 오블리주를 실천해야 하는 부담이 있기는 하지만, 각종 부역에서 면제될 뿐만 아니라 모든 사람에게 존경받으며, 가정에서는 권위와 위엄을 가질 수 있으니, 어찌 부럽지 않겠는가. 그뿐인가. 자녀들의 언행이나 진로에도 절대적인 영향력을 행사할 수 있다.

나이 들수록 존중받고 권위가 더 높아진다는 건 확실히 매력적인 일이다. 외출했다가 집에 돌아오면 부인과 자식들이 반겨주고 공손히 예를 표하니, 어찌 이보다 더 좋을 수 있겠는가.

마흔. 지금까지 삶의 행로에서 크게 벗어나지 않게 살아왔다면 집 한 칸 장만하고, 가끔 가족과 외식을 즐기며, 간혹 가족여행을 하면서 살고 있을 나이다. 하지만 자식만큼은 마음대로 되지 않는 것이 영 마음이 쓰인다. 살아온 경험으로 보건대, 부모의 말만 잘 들으면 성공할 수 있을 것 같은데, 아이들은 도통 부모의 말에 귀를 기울이지 않는다. 그러다 보니 자녀들이 하는 각종 헛짓에 부모의 마음은 새까맣게 타들어 가기 일쑤다. 각박하기 그지없는 세상에서 한푼 두푼 모아 열심히 가르치고, 입히며, 먹이는데, 정작 건성건성 지내는 걸 보고 있자면 정말 한 대 쥐어박고 싶어진다.

아버지의 소 판 돈을 훔쳐 달아났던 정주영 회장처럼 되지 말란 법이 어니 있냐고? 그건 아니다. 그의 아버지가 생각했던 성공 방정식에 소 판 돈 훔쳐 들고 달아나는 건 포함되지 않았기 때문이다. 결국, 성공했기에 나오는 결과론적인 얘기일 뿐이며, 어디까지나 위로 차원에서 하는 얘기에 불과하다. 당시에 집안 재산 훔쳐서 달아난 사람이 어디 한둘이겠는가. 더욱이 수많은 실패자의 얘기는 하나도 나오지 않는 것이 바로 역사 아니던가.

돈나게 성공하는 것보다 푹 꺼지게 실패하지 않길 바라는 게 부모 마음이다. (그러다가 성공하면 좋은 것이고) 부모는 자식이 부자가 아니더라도, 아주 똑똑하지 않더라도 반듯하게 커 주기만을 바란다. 그러다 보니 잔소리와 간섭이 늘 수밖에 없다. 심한 경우 아이에게 상처를 주기도 한다. 이에 대해 《천국에서 만난 다섯 사람》의 저자 미치 앨봄은 다음과 같이 말한 바 있다.

"부모는 누구나 자식에게 상처를 준다. 어쩔 수 없다. 어린 시절에는 어떤 아이든 깨끗한 유리처럼 보살피는 사람의 손자국을 흡수하게 마련이다. 어떤 부모는 유년기의 유리에 손자국을 내고, 어떤 부모는 금이 가게 한다. 몇몇은 유년기를 완전히 산산조각내서 다시 맞출 수 없게 만들기도 한다."

상처를 줄 수밖에 없다면 예방주사처럼 생각하면 어떨까.

지금 장년층은 누구나 어깨에 불주사 자국이 있을 것이다. 초등학교 시절, 불주사를 맞는 날이면 친구들끼리 장난을 치면서도 마음속으로는 몹시 떨었던 기억이 누구에게나 있을 것이다. 비록 상처는 남지만 한 번 맞으면 평생에 걸쳐서 효과가 나타나는 예방주사는 얼마나 안정감을 주는가. 모든 부모가 자녀교육에서 바라는 효과가 바로 이런 것이 아닐까.

하지만 결론적으로 그런 건 없다고 말하고 싶다. "뿌린 대로 거두고, 콩 심은 데 콩 난다."는 말이 이를 뒷받침한다. 다른 말로 "No pain, no gain."이다. 더욱이 이는 자연의 법칙이니 거스를 도리가 없다. 여기에 무슨 비결이니, 유전자 지문이니 하는 건 포장에 불과하다.

포장을 까면 필요하다고 나오는 건 결국 노력이다. 그러니 아이들을 붙잡아 앉혀놓고 직접 이러쿵저러쿵 잔소리하는 것이 매우 중요하다. 그걸 귀찮아하면 이내 표시가 난다.

> …… 전문가들은 인터넷 중독이 맞벌이 가정이나 조손(祖孫) 가정 등 저소득·소외계층에게 더 많이 나타난다고 입을 모은다. 한국 청소년정책연구원 성윤숙 연구위원은 "실제로 실태조사를 해보면, 부모님이 곁에 붙어서 '학원 뺑뺑이'를 돌리는 강남 학생들보다 강북 변두리 학생들의 게임 중독이 훨씬 더 심각한 것으로 나타난다."며 "정보 격차가 아니라 가정 형편에 따른 '관리격차'가 더 심각한 문제"라고 말했다.
>
> -〈조선일보〉 2010.7.27 기사 중에서

'관리 격차'가 바로 잔소리의 차이다. 지속적·주기적으로 해대는 잔소리는 아이들에게 엄청난 위력을 발휘하기 때문이다.

빈집은 곧 폐가가 되고 만다. 사람이 드나들면서 관리하고, 깎고, 조이고, 고치고, 수리해주어야만 집은 더욱 집다워진다. 그런 점에서 아이들에게 있어 잔소리는 역시 세뇌 수준으로 해야 할 필요가 있다.

잔소리는 누구에게나 필요하다. 어찌 보면 잔소리는 사랑 표현의 한 방식이다. 그런 점에서 아이들에게 자율성만 강조하기보다는 적절한 잔소리가 필요하다. 자기 주도 학습의 화신처럼 등불을 벗 삼아 책을 읽는 사극 속의 자녀가 아니라면 말이다.

나는 아이들에게 충고를 구하는 형식으로 접근하곤 한다. 직접 잔소리를 하는 대신 "아빠가 친구하고 싸웠는데 어쩌면 좋을지 모르겠어."라며 고민을 털어놓으면, 아이들은 진지하게 들어주며 이런저런 질문을 해온다.

"왜 싸웠어?"

"어떻게 된 건데?"

"화해하고 싶어?"

솔직히 말하면 아이들 역시 나름의 논리를 갖고 있다.

"안 볼 사람도 아닌데 계속 그러는 건 안 좋은 것 같아. 누군가에게 도와달라고 말해봐."

"아빠가 먼저 밥 먹자고 해. 만약에 그 사람도 화해하고 싶다면 그러자고 할 거야. 아니면 그 사람이 속 좁은 사람이 되는 거고."

속으로는 웃음이 나오지만 이런 과정이 백만 불짜리다. 아빠의 고민을 들으며 아이들 역시 그런 상황에 대해 간접경험을 할 수 있기 때문이다. 아울러 자신의 경우에도 대입시켜 생각하게 된다.

만일 공부를 열심히 하라는 잔소리를 하고 싶다면 "아빠가 고민이 있어. 내년에 승진시험을 보는데 어떻게 하면 좋을지 모르겠어."라고 털어놓자. 그러면 이 역시 아이들이 해결해준다. 아빠에게 해주는 충고지만 아이들 자신의 입을 통해 해결책이 나오면서 자기 자신을 교정해나갈 수 있기 때문이다. 하지만 여기에는 전제조건이 있다. 평소 아이들과의 관계를 잘 다듬어 놓아야만 한다는 것이다. 그래야만 효과가 있다. 따라서 아이들과 사이가 좋지 않다면 그다지 권하고 싶지 않다.

헛발질도 축구다. 그렇다면 헛발질을 줄이기 위해서는 어떻게 해야 할까. 다른 게 없다. 그저 열심히 축구를 하는 것이다. 그러다 보면 헛발질이 서서히 줄어들게 된다. 감독이 아무리 말해줘도 어느 정도 경험이 쌓이기 전에는 절대 고쳐지지 않는다. 한국어로 말하지만, 외국어로 들리는 것이나 진배없기 때문이다.

돌이켜보면, 인생이라는 게임에서 우리는 얼마나 많은 헛발질을 했던가. '제발 내 아이만큼은 그러지 않았으면' 하고 속 끓이기보다는 아이가 헛짓할 만한 조짐이 보이면 함께 해결해야 한다. 특강을 함께 듣는 것 역시 좋은 방법이다. 특히 요즘은 무료 특강이 넘쳐난다. 신간 도서 출간기념 저자 강연회부터 시작해서 저명한 대학교수의 강연까지. 그 내용 역시 매우 알차다. 주목할 만한 것은 이런 강연회를 여는 저자들 대부분이 자수성가한 경우가 많다. 한마디로 배울 것이 많은 사람인 것이다. 이에 그 사람에게서 나오는 말 한 마디 한 마디가 아이들에게 꼭 해주고 싶었던 이야기인 경우가 많다. 나아가 우리가 미처 생각하지 못했던 부분까지 조목조목 짚어줄 수도 있다.

얼마나 흐뭇하고 좋은 일인가. 그러니 괜스레 아이들과 싸우지 말고, 괜스레 속 썩지 말고, 아이들과 함께 강연회에 가보자. 강사의 말을 통해 아이에게 생각할 기회를 주고, 느껴볼 기회를 주자. 어쩌면 부모가 직접 얘기하는 것보다 훨씬 더 좋은 효과를 거둘 수 있을지도 모른다. 하지만 주의할 점이 있다. 끝나고 나서 절대 덧붙여서 해설하지 않아야 한다는 것이다. 그렇게 하지 않아도 아이들은 자기 그릇에 채울 만큼 이미 다 채웠기 때문이다. 사람은 자기 그릇만큼만 담을 수 있다. 이미 담겼는데 뭘 더 담을 것인가. 또 굳이 그걸 퍼내고 당신이 느낀 걸 담아줘 봐야 아무 소용이 없다.

가족 중에서

내가 가장 강하고 똑똑하다고 생각했다.

하지만 그건 착각이었다.

힘들고 어려운 일을 겪으면서

나 역시 가족의 일원이며,

가족과 함께하면

훨씬 더 행복하다는

평범한 진리를

깨우치게 되었기 때문이다.

06

어렵고 힘든 일일수록
가족과 의논하자

40년 공직생활을 마치고 은퇴해 80세를 바라보는 A씨는 후회막급이다. 자식들에게 말은 못했지만 20년 전에 연금을 포기하고 받은 5억 원을 주식투자로 모두 날려버렸기 때문이다. 공직생활을 오래 했으니 연금도 상당했다. 그래서인지 요즘 들어 '그걸 제대로 받았으면 노후생활이 얼마나 멋있고 품위 있었을까'라는 생각이 하루에도 몇 번씩 든다.

하지만 남들 앞에서는 절대 그런 말을 하지 않는다. 그만큼 자존심이 강한 탓이다. 20년 전이면 예금금리가 10%가 넘을 때다. 5억 원을 은행에 넣어만 둬도 월 400만 원이라는 이자를 받을 수 있었다. 그런 것을 주식에 몽땅 투자해서 돈은 돈대로 날리고, 가족들에게는 버림받다시피 했으니, 그 충격이 얼마나 컸을지 짐작이 가고도 남는다. 심지어 그 충격으로 아내까지 잃고 말았다. 하지만 속으로야 피눈물이 났지만, 아직도 그때는 그것이 가장 적절한 선택이었다고 믿는다.

그는 한 달에 한 번씩 자식들로부터 용돈을 받는다. 하지만 그것만으로는 턱도 없이 부족하다. 이에 굳이 안 와도 된다는 자식들의 집을 직접 찾아가기도 한다. 큰아들과는 이미 오래전에 의절했고, 둘째 아들과만 겨우 만남을 이어가고 있지만, 며느리와도 데면데면하긴 마찬가지다.

둘째 아들은 그가 전화를 걸어 "바쁘냐? 나 좀 올라가도 되냐?"고 물으면 일 초도 망설이지 않고 이렇게 말한다.

"네, 좀 바빠요. 다음에 들르세요."

그래도 굳이 들르겠다고 고집을 부리면 가장 먼저 아내에게 이런저런 입막음을 한 후 어떻게든 돈을 마련한다. 가족이지만 남보다 더 피곤하다.

둘째 아들은 공직에 있다. 그러다 보니 정년까지 일할 수도 있고, 퇴임 후에는 연금을 받을 것이다. 하지만 아들에게도 고민이 있다. 바로 하나밖에 없는 아들 때문이다.

'이 녀석까지 손 벌리면 큰일인데. 아버지야 뭐 80세 노인네니까 사시면 얼마나 더 사시겠어.'

그래서 요즘 아들에게 자주 터놓고 얘기한다.

"아빠는 너한테 용돈 달라는 말은 절대 안 할 거다. 아파도 치료비 내 달라고 안 할 거야. 대신 네 앞가림은 너 스스로 알아서 해라. 부모와 자식 간의 정은 유지하되, 돈 문제는 각자 알아서 살자는 말이다."

너무 반복해서 말하다 보니, 아들은 이제 얘기 앞머리만 꺼내도 알았다며 손사래를 친다. 아들 녀석 보기가 좀 미안하기도 하지만 80세를 바라보는 그의 아버지가 용돈을 바라며 집에 들렀다 돌아간 뒤에는 또다시 그 얘기를 강조하곤 한다.

이런 일이 가족 간에 벌어지다니 좀 심한 거 아닌가요? 라고 할 수도 있지만, 이것이 바로 우리의 현실이다.

"그럼, 돈이 없으면 가족 간의 정도 끊으란 말이냐?"며, 당장에라도 누군가가 일갈할 것만 같다. 하지만 잠시 생각해보자. 자녀가 중병에 걸려서 입원해 있다고 하자. 돈만 있다면 미국에도 가고, 영국에도 가고, 중국에도 가서 원 없이 치료를 받을 수 있다. 하지만 돈이 없다면 어떻게 해야 할까. 너무나도 안타깝지만 괴로워하며 생명이 꺼져가는 모습을 옆에서 지켜보고 있을 수밖에 없다. 이것이 엄연한 현실이다. 우리가 사는 세상은 그렇다. 돈 자체보다는 돈이 만들어내는 가치가 그만큼 더 크고 무섭다.

만일 A씨가 연금을 일시금으로 찾기 전에 단 한 번이라도 가족과 의논을 했더라면 어땠을까.

지나고 나서 후회하는 것처럼 어리석은 일은 없다. 하지만 지나간 일을 통해 그것을 반성하며 교훈을 얻지 못한다면 그것은 더더욱 어리석은 일이다.

이에 A씨는 나름대로 항변한다.

"그게 어디 나 혼자 잘 먹고 잘살자고 했던 거냐? 다 가족들 잘살게 해주려고 그랬던 것이지."

충분히 이해한다. 하지만 이 사실을 알아야 한다. 내 이름으로 집이 등기되어 있다고 해서 나 혼자만의 것이 아니며, 내 이름으로 연금이 나온다고 해서 나 혼자만의 것이 아니라는 사실을. 나와 함께 하는 사람들과 함께 일구어 온 재산을 내 이름을 빌려 대표로 올린 것일 뿐이다. 그러니 자신을 대표로 인정해준 가족들에 대한 감사한 마음과 함께 무거운 책임감 역시 느껴야 한다. 그걸 절대 잊어서는 안 된다.

나이가 든 후의 돈은 단순히 돈이 아니다. 동반자와 함께 나누고 누려야 할 권리이자 가치다. 그러므로 함께 사용처를 의논하고 과실을 나누어야 한다. 과실이 크건 작건 혹은 있건 없건 상관없다. 반드시 함께 의논하고, 함께 책임지며, 함께 누려야 한다.

> "나무의 꼭대기가 언제나 꼭대기로 남아 있는 것은 아니다. 다른 가지들이 점점 더 높이 자랄 수도 있으며, 전에 아무것도 없던 곳에서 꽃이 필 수도 있다."
>
> －헬렌 니어링, 《아름다운 삶, 사랑 그리고 마무리》 중에서

내 생각만 최고라고 여기며, 내 판단만 최선이라며 고집을 부리는 것만큼 옹졸한 일은 없다. 가족들도 나만큼 깊은 생각과 좋은 아이디어를 갖고 있다. 그걸 꺼내는 건 리더, 즉 가장의 몫이다. 집에서는 왜 직장에서처럼 브레인스토밍하지 못하는가. 집에서도 가족과 함께 브레인스토밍을 통해 다양한 생각과 아이디어를 구체화해야 한다. 예를 들면, 주말

농장을 한다고 가정해보자. 직접 농사지은 과일과 채소를 팔아볼 궁리도 해보고, 신발장이 꽉 찼다면 벼룩시장 등을 통해 팔아볼 아이디어도 제시해보자.

내 경우, 한동안 큰아이와 홍삼 쇼핑몰을 차릴 생각을 한 적이 있다. 이에 아이와 함께 그것과 관련된 강의를 들은 적이 있는데 상당히 감명을 받은 듯했다. 그래서인지 가장 어린 참가자라고 강의 중에 선물로 받은 쇼핑몰 창업 책을 세 번이나 독파했다. 그리고 궁금한 것이 있으면 이것저것 계속 물어왔다. 아이템은 뭐가 좋을까. 창업자금이 최소 이천만 원은 든다는데 그건 어떻게 마련할까. 돈을 벌면 어디에다 쓸까. 쇼핑몰은 어떻게 꾸밀까. 이야깃거리가 끝도 없었다. 결국, 내가 성의가 없던 탓에 흐지부지되고 말았지만, 상황과 여건만 허락된다면 얼마든지 해낼 수 있다는 사실을 배웠다.

한번은 돈을 잘못 빌려주는 바람에 수천만 원을 떼일 뻔한 일이 있었다. 몇 날 며칠 동안 밤잠을 이루지 못하고 고민하며 괴로워하다가 아내에게 사실을 털어놓자 아내는 생각지도 못한 말을 꺼내놓았다.

"돈은 또 벌면 되지 뭐!"

감동이었다. 아내를 존중하는 마음이 깊은 곳에서부터 솟아났다. 내 아내가 이런 사람이었다니, 한 마디로 아내의 재발견이었다. 그리고 아주 오랜만에 단잠을 잘 수 있었다.

가족 중에서 내가 가장 강하고 똑똑하다고 생각했다. 하지만 그건 착각이었다. 힘들고 어려운 일을 겪으면서 나 역시 가족의 일원이며, 가족

과 함께 하면 훨씬 더 행복하다는 평범한 진리를 깨우치게 되었기 때문
이다.

제4장

어제보다 더 행복한 오늘을 위해

경기에서건, 인생에서건
넘어지면 당황하기 십상이다.
하지만 이렇게 생각해보자.
넘어진 상태에서 빨리 일어나려고
허둥대다가 다시 넘어지면 과연 어떻게 될까.
넘어진 사람에게 있어 정말 중요한 것은 뭘까.
당연히 다시 일어나는 것이다.
하지만 그것보다 더 중요한 것이 있다.
다시 걷는 것이다.
가장 좋은 것은 넘어지지 않는 것이다.
하지만 일단 넘어졌다면 부끄러워하기 보다는
천천히 확실히 일어나는 것이 좋다.

경기에서서건, 인생에서건

넘어지면 당황하기에 십상이다.

가장 좋은 것은 넘어지지 않는 것이다.

하지만 일단 넘어졌다면

부끄러워하기보다는

천천히 확실히 일어나는 게 좋다.

01

사는데 너무 급급해하지 말자

지금은 프로야구나 월드컵이 최고의 인기 스포츠지만 1970년대 후반에는 복싱이 국민 스포츠였다. 이에 복싱 중계방송이라도 있는 날이면 너나 할 것 없이 모두 귀가를 서둘렀고, 시차에 따라 중계방송이 새벽에 잡힌 날에는 이른 새벽부터 적막을 깨는 함성이 동네마다 울려 퍼지곤 했다.

2010년 남아공 월드컵에서 국가대표 축구팀이 16강에 올라 큰 기쁨을 선사한 바 있다. 하지만 카퍼레이드(자동차가 대열을 이루며 하는 행진)를 하진 않았다. 그러나 복싱이 국민 스포츠로 큰 인기를 끌던 때는 세계 챔피언이 되면 김포공항부터 TV로 생중계하며 카퍼레이드를 했다.

1977년 11월, 홍수환은 '지옥에서 온 악마'라는 별명의 챔피언 카라스키야를 맞아 2회에만 무려 4번이나 주저앉고 말았다. 하지만 곧 대반전을 이루었다. 3회에 KO승을 거두며 4전 5기 신화의 주인공이 된 것이다. 그 결과, 그는 '불굴의 의지'의 상징이 되었다.

홍수환이 2회에 4번의 다운을 당하는 수모를 겪자 경기를 중계하던 아나운서는 역부족이라며 무척 안타까워했다. 누가 보더라도 진 게임이 분명했다. 하지만 그는 기적처럼 다시 일어서서 역전승을 일궈냈다. 그 비결은 과연 무엇일까.

"힘내! 빨리 털어버리고 다시 시작해야지!"

많은 사람이 당연하게 여기면서 내뱉는 말 중 하나다. 하지만 여기에는 생략된 말이 있다. '실패나 좌절은 나쁜 거니까!'라는 말이 바로 그것이다. 그렇다면 실패나 좌절은 과연 나쁜 것일까. 실패에도 분명 좋은 점이 있다. 다만, 일방적으로 나쁘다고 말하기 때문에 그걸 알 수 없을 뿐이다. 그렇다면 실패의 좋은 점은 과연 무엇일까.

존 맥스웰은《생각의 법칙 10+1》에서 이렇게 말한 바 있다.

"학습능력이란 '내가 얼마나 많이 알고 있든지 간에 (혹은 안다고 생각하거나), 이러한 상황에서 뭔가를 배울 수 있다'는 태도이자 사고방식이다. 이러한 생각은 역경을 이점으로 바꾸는 데 큰 도움이 된다. 이는 우리가 아무리 어려운 처지에 있어도 우리를 승자로 만들어주기 때문이다."

누구나 어린 시절 숟가락질과 젓가락질에 수없이 실패한 기억이 있을 것이다. 하지만 그 결과, 지금은 멋진 양복과 하얀 드레스를 입고도 국물 한 방울 안 튀기고 능숙하게 식사를 할 수 있게 되었다. 이에 어떤 부모도 아이들이 젓가락질을 못 하는 것에 대해 뭐라고 하지 않는다. 수없는 시행착오 끝에 결국 잘하게 될 것이라는 사실을 알고 있기 때문이다. 그런데 승진이나 사업 실패에 대해서는 왜 그렇게 관대하지 못한 것일까.

복싱에서 심판은 다운 당한 선수에게 카운트다운 10초를 센다. 그 의미는 뭘까. 넘어진 선수에게 다시 싸울 의사가 있는지 확인하는 의미와 함께 선수를 보호하기 위해서다. 이에 카운트다운은 넘어진 선수에게 있어 더없이 소중한 시간이 되기도 한다. 이를 어떻게 활용하느냐에 따라 결말이 달라질 수 있기 때문이다.

경기에서건, 인생에서건 넘어지면 당황하기 십상이다. 하지만 이렇게 생각해보자. 넘어진 상태에서 빨리 일어나려고 허둥대다가 다시 넘어지면 과연 어떻게 될까.

넘어진 사람에게 있어 정말 중요한 것은 뭘까. 당연히 다시 일어나는 것이다. 하지만 그것보다 더 중요한 것이 있다. 다시 걷는 것이다.

가장 좋은 것은 넘어지지 않는 것이다. 하지만 일단 넘어졌다면 부끄러워하기보다는 천천히 확실히 일어나는 게 좋다. 지켜보는 사람들도, 옆에서 응원하는 사람들도 모두 그걸 원한다. 혹시라도 빨리 일어나기만을 원하는 사람이 있다면, 그가 당신을 진정 걱정해서 그러는 것인지 자신의 자만심을 채우기 위해서 그런 것인지 한 번쯤 주의 깊게 생각해볼 필요가 있다.

복싱에서는 카운트다운을 규칙으로 정해 넘어진 선수를 보호해준다. 하지만 우리 인생에는 그런 장치가 없다. 따라서 자신이 하기 나름이다.

즉, 스스로 알아서 해야 한다.

김창신 씨는 대기업에서 승승장구했다. 그러나 새로 부임한 임원과의 마찰로 인해 퇴직해야 했다. 사내 핵심인재로 등재되어 있던 터라 인사 부서 담당자가 집까지 찾아왔지만 결국 사직 처리되고 말았다.

하지만 멋있게 사표를 던지고 나온 것까지는 좋았지만, 그다음이 문제였다. 퇴직한 지 두 달이 넘었음에도 상사와의 싸움을 혼자서 계속 이어가고 있었기 때문이다.

"내가 얼마나 능력이 있는지 보여주고 말겠어."

"날 존중하지 않은 걸 후회하게 해주겠어!"

그 결과, 자신의 능력을 과시하는 데 급급했다. 이에 사업을 한다며 투자할 사람을 매일 찾아다녔는데, 곁에서 보기에는 불안하기 짝이 없는 모습이었다. 갑작스러운 퇴직에, 갑작스러운 사업, 그리고 아무런 계획 없이 급히 서두르는 모습이 모두를 안타깝게 했다.

도대체 누구에게 보여준단 말인가. 모든 일은 생각대로 되지 않는다. 사업이 생각대로 돌아가지 않는 순간, 복수는 둘째 치고 자신의 생계마저 걱정해야 할지도 모른다. 아닌 말로 복수의 대상으로 삼았던 그 임원의 자동차라도 세차해서 살아가고 싶을 정도로 처절해질 수도 있다.

열심히 일하던 사람이 갑자기 쉬게 되면 스트레스를 받게 된다. 하지만 중요한 건 다른 사람의 시선이 아닌, 바로 자기 자신이다. 이는 복싱 경기에서 다운 당하자마자 벌떡 일어나서 다시 덤벼드는 선수와 10초를 충분히 활용한 후 다시 시작하는 선수 중 누가 더 현명한지만 봐도 잘 알수 있다.

비교에 익숙해진 사고방식 때문에,

삶의 후반기에 들어섰음에도 불구하고

떳떳하게 친구를 만나지 못한다면

행복과 이혼한 것과 마찬가지다.

왜 자신의 행복에

남을 개입시키려고 하는가.

다시 한번 진지하게 생각해보자.

비교하는 사람은 자신인가, 다른 사람인가.

02

비교의 늪에서 벗어나자

날이 갈수록 핫바지처럼 사는 것 같아서 좀처럼 신나는 일이 없지만 그래도 팽팽하게 삶을 조이고 싶은 날에는 여러 생각이 꼬리를 물고 일어나곤 한다. 운동을 해볼까, 공부를 시작해볼까, 동료와 어울려볼까 등등. 하나같이 가슴 설레는 상상이다. 하지만 이내 다시 접곤 한다. 좀 더 신중하게 생각한다는 핑계로, 다른 일도 많은데 지금 그걸 꼭 해야 하나라는 핑계로.

한껏 상상하며 가슴을 부풀렸지만, 생각을 접어 품 안에 넣고 나면 왠지 허전하다. 이미 내 나이보다 젊은 사람들이 이루어놓은 일 앞에 초라해지는 내 모습이 부끄럽기도 하다.

훌륭한 업적을 이루거나 높은 성과를 달성해서 신문이나 TV에 나오는 사람들은 나보다 연장자였다. 그런데 점점 내 나이에 가까워져 오더니,

이제는 나보다 젊은 사람들이 훨씬 더 많다. 그때마다 느껴지는 기분이란……

또 그뿐이면 다행인데, 왜 친구들은 항상 나보다 좋아 보이는지 모르겠다. 작은 회사에 근무하는 친구는 자유로워 보이고, 큰 회사에 다니는 친구는 안정되어 보인다. 자영업을 하는 친구는 돈이 많은 것 같고, 전문자격증이 있는 친구는 노후 걱정이 없어 보인다. 하지만 그것 역시 견해 차이에 불과하다는 사실을 뒤늦게 알게 되었다.

그렇다면 입장을 바꿔보자. 당신이 상무, 국장이면 차장인 친구가 어떻게 대해주길 바라는가. 그저 예전 친구로 만나길 원할 것이다. 그렇다. 당신이 생각하는 그대로를 당신의 친구 역시 원한다. 그렇지 않고 직위가 높다고 해서 친구가 굽실거리길 바라는 사람은 없을 것이다. 만일 한 명이라도 그런 사람이 있다면 그 자체만으로도 이미 친구가 아닌 셈이다.

산을 오르면 내려가야 하고, 달도 차면 기운다. 이런 순리에 역행하는 사람이 있다면 대단한 착각 속에 살고 있다고 할 수 있다. 직장에서 부장이 집에서도 부장은 아니다. 더구나 친구 사이에는 더더욱 그렇다.

시간이 지나면 계급장은 떼어지기 마련이다. 그런 것에 눈길을 주기보다는 변하지 않는 친구 관계에 신경 쓰는 게 훨씬 더 낫다.

이에 대해 《제로섬 사회》를 쓴 레스터 칼더로는 이렇게 말한 바 있다.

"우리의 궁극적인 문제는 …… (중략) …… 우리가 진심으로 원하는 것이 한정되어 있다는 것이다. 예를 들면, 사람들은 큰 기업체의 사장이 되기를 원하지만, 이것은 극히 제한된 숫자의 사람들만이 될 수 있다. 건전한 사회를 위해서는 경제적 성장만을 추구해서는 안 된다."

경제적 성장이란 표현 속에는 함축적 의미가 내포되어 있다. 외적인 것, 겉으로 드러나 보이는 것, 손에 잡히는 것, 물질적인 것, 이기적인 것 등등. 모두 우리가 배운 가치들에 반하는 것들이다. 학교에서 배운 것대로라면 사랑, 우정, 양보, 배려, 존중 등 인간적이고 공생, 공익적인 가치들이 더 주목받고 더 인정받아야 한다. 하지만 사회는 절대 그렇지 않다.

우리 대부분은 삶에, 세상에 세뇌되어 있다. '경제적 성장'이 최고의 가치인 양 추구하며 주위에 자랑을 일삼는다. 그러나 그렇게 해서는 비교의 덫에 걸려들기에 십상이다.

이에 대해 《9 to 6 혁명》의 저자 양정훈 씨는 이렇게 말한다.

"동료의 성공을 경쟁보다 우선하라. …… (중략) …… 타인과의 경쟁이 우선하면 '비교'가 바늘에 실처럼 늘 따라온다. 행복의 시작은 셀프요, 불행의 시작은 비교다. 끊임없이 동료와 비교하는 사람은 자신의 행복을 타인의 불행과 엮어서 걸어 놓은 셈이니, 삶을 전쟁에, 일을 전투에 비유하기 마련이다. …… (중략) …… 상대평가란 말에는 '저 사람보다'라는 의미가 숨어있다."

이렇듯 모든 사람이 한결같이 강조하는 것은 나를 남과 비교해서 상대평가하지 말라는 것이다.

요즘은 휴대폰 없는 사람이 거의 없다. 마음만 먹으면 누구나 가질 수 있다. 휴대폰 때문에 불행하다고 느끼는 사람은 휴대폰이 없어서가 아니라 남보다 좋은 휴대폰이 없기 때문이다.

통계청과 여성가족부가 공동 시행한 〈2015 청소년 통계〉에 의하면, 13세~19세 청소년의 경우 7.9%가 지난 1년 동안 자살을 생각한 적이 있다고 답했다. 그 이유는 대부분 '성적'과 '진학' 때문이었다.

학생들이 성적이나 진학 때문에 자살 충동을 느낀다는 건 보통 일이 아니다. 한 반에 30명의 학생이 있다고 해보자. 중간고사를 보건, 수능시험을 보건 마찬가지다. 누군가는 1등을 할 것이고, 누군가는 10등을 하며, 다른 누군가는 30등을 하게 되어 있다. 관련된 모든 사람이 같은 것을 원하기 때문에 남이 좋으면 누군가는 분명 나쁘게 된다. 이른바 제로섬 게임이 되어버리는 것이다. 비교의 맹점은 여기에 있다.

《긍정심리학》의 저자 마틴 셀리그만 교수는 부와 성공이 행복에 미치는 영향에 대해서 이렇게 말한다.

"…… 만일 이런 쾌락의 늪이 없다면 부와 성공을 이룬 사람일수록 더 많이 행복한 것이 당연할 것이다. 그런데 현실은 그렇지 않다. 부자나 가난한 사람의 행복지수에는 큰 차이가 없다. 여러 연구 결과를 종합해볼 때 부와 성공이 행복에 미치는 영향은 놀라울 정도로 작다는 사실을 알 수 있다."

경쟁이 나쁘다는 말을 하려는 게 아니다. 우리 사회가 경쟁을 통해 발전해왔음은 누구도 부인할 수 없으며, 앞으로도 경쟁을 통해 더욱 발전할 것이다. 하지만 그렇다고 해서 영원히 경쟁만 하려고 드는 것은 매우 어리석은 일이다.

다양한 가치를 받아들이지 못하는 사회는 한정된 몇 가지를 지상 최고의 가치로 추구하게 된다. 모든 사람이 고래 고기만 좋아한다고 해보자. 생각건대, 고래가 남아날 수 없을 것이다. 그렇다면 점점 숫자가 줄어드는 고래를 두고 사람들은 과연 어떻게 변할까.

평생을 살아오면서 비교에 익숙해진 사고방식 때문에, 삶의 후반기에 들어섰음에도 불구하고 떳떳하게 친구를 만나지 못한다면 행복과 이혼한 것과 마찬가지다. 친구들을 만나고 싶은데 회사에서 승진을 안 시켜주니 만나지 못한다니 말이 된다고 생각하는가. 왜 자신의 행복에 남을 개입시키려고 하는가. 다시 한 번 진지하게 생각해보자. 비교하는 사람은 자신인가, 다른 사람인가.

이제 우리를 압박하는 비교의 늪에서 벗어나야 한다. 만일 전쟁터에서 살다가 인생을 끝내고 싶다면 계속 비교하라. 선택은 당신의 몫이다.

가족, 친구, 직장, 일은

우리 삶에서 매우 중요한 요소다.

하지만 어느 한쪽에만 치우치면

곧 다른 쪽을 그르치고 만다.

중요한 것은

어느 한 가지 때문에 중요한 것을

간과해서는 안 된다는 것이다.

그것이 인생 후반으로 가는 시점이라면

더더욱 그렇다.

03

용의자의 딜레마에 빠지지 말자

"안녕하세요!"

환하게 웃는 얼굴로 손님을 맞는 문혜정 씨. 5년 전만 해도 그녀는 꽤 잘나가는 부자였다. 하지만 남편이 사업에 거듭 실패한 후, 지금은 포장마차를 운영하고 있다.

"속상한 거요? 집안이 망해서 속상하고 그런 건 없어요. 가장 마음 아팠던 건 남편이 고생하는 거였어요. 그게 마음에 걸려서 조금이라도 도우려고 이걸 시작했어요."

그녀의 남편이 사업에 거듭 실패한 원인은 과연 무엇이었을까.

"성격 때문이에요. 같이 일하는 사람들을 너무 믿은 게 잘못이었죠."

일이 잘될 때는 아무 말 없이 잘 지내던 사람들이, 어느 순간부터 일이 잘안되고, 책임질 일이 생기니, 모두 도망가 버렸단다. 이에 모든 책임을 남편 혼자 짊어져야 했다고 한다. 그때 남편이 받은 충격은 한동안 사람 만나는 걸 두려워했을 정도였다고.

비록 지금은 작은 포장마차를 운영하고 있지만 그래도 옛날보다 더 행복하다고 그녀는 말한다.

"안주 없이 막걸리만 한 병 드시고 가는 분들을 보며 인생을 배워요."

그 말이 오랫동안 가슴을 흔들었다.

그렇다면 어떻게 하면 살아가는 동안 중심을 잡고, 실수하지 않으며, 품위 있고, 위엄과 권위를 지키며, 주변 사람들로부터 존경과 사랑을 받을 수 있을까. 아니, 평생은 고사하고 남아 있는 삶이라도 그렇게 살고 싶은 게 우리네 바람이다. 나아가 살아낸 세월은 어쩔 수 없다고 변명해보지만, 마음 한구석에서는 이미 저지른 많은 실수가 나를 비웃지는 않을까 하는 걱정도 앞선다.

존경과 사랑받는 인생. 많은 사람이 원하는 삶이 바로 그것이다. 하지만 혼자 힘으로 자신의 가치를 지켜내기란 절대 쉽지 않다.

젊은 시절부터 스스로 똑똑하며, 줏대 있고, 세상 물정 잘 안다고 자부해왔다. 하지만 세월의 강물을 따라 흐르는 동안 그게 아니라는 걸 알게되었다. 귀가 얇은 사람을 일컬어 '팔랑귀'라고 하는데 내가 꼭 그랬다. 도시락을 공짜로 주며 건강보조식품을 사라고 한참 설명을 하면 꼭 사는 사람, 돌팔이 약장수에게 가짜 약을 사는 사람이 바로 나였기 때문이다. 또 무슨 주식이 좋다고 해서 그날로 그 주식을 사고는 몇 달을 후회하다가 결국 돈을 날린 적도 여러 번 있었다. 심지어는 집도 그런 식으로 사서 가족들에게 곤욕을 치르게 했다. 그러고 나서야 나 자신이 투자에는 영재주가 없음을 알게 되었고, 그냥 월급이나 받으면서 살자며 마음을 다잡았다. 그제야 가족들 역시 겨우 편안해졌다.

"정직하게 자기 자신을 돌아보십시오. 한 가지 문제, 한 작가의 작품을 놓고 정반대의 입장에서 평을 했는데 이 평론가의 말도 옳고, 저 평론가의 말도 옳게 느껴지는 경험을 안 해보셨습니까? 그런 일은 너무 흔합니다. 지적 수준이 낮을수록, 자기 가치관이 형성되지 않을수록 그런 현상은 더 심해집니다. 궤변도 논리고, 모든 논리는 그 나름의 설득력으로 무장되어 있기 때문입니다. 이 세상에는 궤변적 평론도 많고, 그건 엄청난 독입니다."

-조정래, 《황홀한 글 감옥》 중에서

독서의 방법론에 대해서 일갈한 조정래 작가의 말을 우리가 매일 접하는 정보나 분석 자료에 대입해보면 과연 어떨까.

평론가의 말이라는 건 정보(책)를 분석한 자료라고 할 수 있다. 사실 정보보다는 분석 자료가 더 위험하다. 가치관이 없거나 약한 상태에서 읽는 분석 자료는 로봇에게 주입하는 동작 프로그램과도 같기 때문이다. 로봇은 설거지를 대신하기도 하지만 프로그램에 따라서는 집안을 검은색 페인트로 칠해버릴 수도 있다. 로봇을 두고 편리하다고는 하지만 똑똑하다고는 하지 않는 이유가 바로 그것 때문이다. 똑똑하다는 건 생각할 줄 안다는 의미를 내포하고 있기 때문이다.

"나는 사람이니까, 나이가 있으니까 그렇지 않다고?" 하지만 그게 그렇지가 않다. 옆에서 누군가가 자꾸 권하고, 유혹하게 되면, 대부분은 넘어가고 말기 때문이다. 심지어는 성직자 역시 그렇다.

소설가 안정효 작가는 《글쓰기 만보》에서 세상의 유혹이 어떤 것인가에 대해 중광 스님을 사례로 들었다.

"그림을 그린다는 사실과 더불어 승려인 그의 별명이 '걸레'라는 사실이 알려지자, 세상은 그를 걸레처럼 취급하고, 중광 또한 걸레처럼 살기 시작했다. 기인(奇人)으로서 조명을 받고, 점점 더 세속적인 인기가 높아지는 바람에 그는 암탉에게 젖통을 달아놓은 그림을 그리는 등 남들의 시선을 지나치게 의식하는 인생의 길로 잘못 들어서고 말았다. …… (중략) …… '걸레'는 중광이 더러워서 붙은 별명이 아니었다. 그것은 만운당 스님이 지어준 이름이었다. '세상이 워낙 더러우니, 너는 나가서 그 추한 세상을 닦는 걸레가 되어라.'는 뜻에서 붙여준, 참으로 아름다운 이름이었다. 하지만 세상은 그의 이름이 뜻하는 바를 제대로 알지 못하고, 그래서 그를 더럽히고 말았던 셈이다. 평범하여 차라리 눈에 띄지 않았더라면 좋았으련만, 너무 튀다 보니 탈이 난 대표적인 사례라고 하겠다."

'용의자의 딜레마'는 합리적으로 행동했음에도 불구하고, 나쁜 결과가 나오는 현상을 가리키는 말이다. 그렇다면 자녀를 명문대학에 보내려고 학원이나 과외를 시키려는 건 과연 어떤 선택일까.

학벌에 대한 차별이 없어지는 추세이기는 하지만 완전히 없어지는 것은 아득히 먼일이다. 명문대 학생일수록 머리가 좋고, 실력이 뛰어나다는 사회적 편견 역시 여전히 존재한다. 이를 고려할 때 자녀가 명문대에 진학하게 되면 취업이나 결혼, 사업은 물론 평생을 두고 적지 않은 이익을 기대할 수 있다. 그러니 사교육을 시키는 것이 부모 입장에서는 어느 정도 합리적인 선택인 셈이다. 하지만 이를 사회 전체적인 측면에서 보게 되면 전혀 다른 결과가 나온다.

수조 원대의 사교육비로 인해 사회적 낭비를 초래할 뿐만 아니라 부모의 허리를 휘게 한다는 얘기가 매년 뉴스에 보도되곤 한다. 그러다 보니 사교육을 줄이려는 각종 시도는 이런 광기 앞에서 무위로 돌아가기 일쑤다. 일례로, EBS 교재에서 시험문제를 내면 사교육이 줄어들 것으로 생각했지만, 변별력이 없을 것을 우려한 출제위원들이 문제를 지나치게 어렵게 출제하는 바람에 관련 사교육 시장이 더욱 기승을 부리고 말았다.

그렇다면 사회 모든 구성원이 똑같이 사교육을 받지 않는다면 과연 공정할까. 실제로 과외 금지 조처가 내려진 적이 있다. 하지만 그것뿐. 몰래 바이트라는 이름으로 알음알음 사교육이 성행했다. 지금이라면 헌법소원 제기는 물론이고 정권이 위태로울 정도의 파괴력이 있을 일이다. 교육환경이 열악한 지역에서는 자구책을 못 쓰게 한다고 반발할 것이고, 성적이 떨어지는 학생은 역전의 기회를 왜 빼앗느냐고 아우성칠 것이 뻔하기 때문이다. 개인으로서는 합리적인 선택을 했지만, 사회 전체적으로는 불합리한 결과로 이어졌다고 보면 지나친 말일까.

그런 점에서 볼 때 사십 대는 경쟁이 더욱 치열하다고 할 수 있다. 밀려나면 끝장이기 때문이다. 이십 대, 삼십 대는 새 직장에서 다시 시작할 수 있다. 하지만 사십 대는 어딘가로 옮긴다는 게 쉽지 않다. 능력을 인정받아 스카우트되어 가는 것이라면 모를까. 그런 경우가 아니라면 애초에 옮기는 것 자체가 어려운 일이다. 그런 면에서 용의자의 딜레마에 빠지기 딱 좋은 때가 바로 사십 대다. 충성 경쟁, 업무 성과 경쟁에 몸과 마음이 망가지기 딱 십상이기 때문이다.

가족, 친구, 직장, 일은 우리 삶에서 매우 중요한 요소다. 하지만 어느 한쪽에만 치우치면 곧 다른 쪽을 그르치고 만다. 그렇다고 해서 직장에서 임원 승진을 바라며 열심히 일하는 사람들을 탓하고 싶진 않다. 그것이 자신의 꿈일 수도 있고, 가족이나 친구들의 소망일 수도 있기 때문이다. 또 그렇게 하면서도 모든 부분에서 균형 잡힌 삶을 살아가는 사람도 분명 있다.

중요한 것은 어느 한 가지 때문에 중요한 것을 간과해서는 안 된다는 것이다. 그것이 인생 후반으로 가는 시점이라면 더더욱 그렇다.

04

흑백논리에서 벗어나자

장난이 심한 친구가 있었다. 그는 고등학교 시절 수업 도중 화장실에 다녀오겠다고 하고는 한참 만에 돌아왔다. 그리고 채 일 분도 지나지 않아 아이들이 창문을 손가락질하며 키득거리는 소리가 들렸다. 그러자 선생님은 창문 밖을 쳐다보고는 그 친구를 불러서 엄청나게 혼을 냈다. 함박눈이 펑펑 쏟아져 내린 다음이라 운동장은 마치 새하얀 도화지 같았다. 친구는 그 도화지 위를 걸어 다니며 남자의 성기 모양을 적나라하게 새기고 돌아온 것이다.

또 한 번은 장래 희망을 적어내라는 담임선생님의 말에 모두 깊은 고민에 빠진 적이 있었다. 한참 만에 장래 희망을 적은 종이를 거둔 후 한 장씩 읽어보던 선생님은 이번에도 역시 그 친구를 불러내 심하게 체벌했다. 도대체 뭐라고 썼기에 선생님을 화나게 하였을까. 선생님의 분기탱

천한 발언을 들은 결과는 이랬다.

"야, 인마! 장난해! 영의정이 뭐야, 영의정이!"

얼마 전 그 개구쟁이 친구를 아주 오랜만에 만났다.

친구는 아버지와 사이가 좋지 않았다. 친구의 아버지는 은행에서 오랫동안 일하다 정년퇴직을 하신 터라 매사에 매우 꼼꼼하고 철저했다. 그런 아버지가 보기에 친구는 엄벙덤벙 사는 것처럼 보여 마음에 들지 않았고, 친구 역시 매번 잔소리를 달고 사는 아버지를 그리 좋아하지 않았다.

그런데 얼마 전 아버지로부터 전화가 왔다고 했다.

"어떻게 지내냐?"

"그냥 그렇죠, 뭐. 회사 나가고, 퇴근하고, 그냥 그래요."

"그래…… 이번 주말에 집에 들러라. 올 때 민규(친구의 큰아들)도 데려오고."

"알았어요. 시간 보고 다시 연락드릴게요."

친구는 평소에 없던 일이라 무슨 일인가 생각하다가, 안 간 지도 오래되고 해서 주말에 부모님 댁을 찾았다고 한다. 그리고 이런저런 얘기를 나누었는데, 어느 순간 아버지가 잠깐 돌아앉아서 주섬주섬 뭔가를 꺼내셨다고 했다. 돈다발이었다. 아버지는 5만 원짜리 두 다발을 친구에게 건네며 이렇게 말씀하셨다고 한다.

"천만 원이다. 민규 교육비에 보태 써라."

순간, 친구는 망치로 얻어맞은 듯 멍한 느낌과 함께 얼굴이 붉어졌다고 했다. 아버지의 마음이 전혀 예상치 못한 방식으로 전해지자 생각할 겨를도 없이 순간적으로 그렇게 되었다고 한다. 이에 그동안 아버지의 깊은 사랑을 헤아리지 못한 자신의 무관심과 미안함을 토로했다. 용돈을 아끼고 모아서 손자 교육비로 내놓은 천만 원이 아버지에 대한 친구의 생각을 부끄럽게 만든 것이다.

가족 간에도 이런 오해가 있는데 하물며 다른 사람들과의 관계는 두말할 필요가 없다. 특히 뒷이야기를 통해 전해지는 얘기로 인해 잘못된 판단을 하거나 왜곡된 견해를 갖게 되는 경우가 적지 않다.

"B부장 말이야, 알고 보니 뒷말의 황제야. 자기네 부서나 잘하면 됐지, 왜 남의 부서는 얘기는 하고 다니는 거야. 정말 황당하다니까."

이런 얘길 듣고서 사실 여부를 확인하겠다고 덤비는 건 매우 어리석은 일이다. 전해 들은 걸 가지고 직접 당사자에게 가서 이러저러한 얘기가 있던데 사실인가요? 라고 물어볼 수도 없기 때문이다. 자칫하면 그걸 물어본 사람이 소문의 진원지로 낙인찍힐 수도 있다. 그 때문에 그냥 어물쩍 넘어가고 만다. 그러다 보면 그 얘기는 점점 더 퍼져나간다.

이미 아는 것과 경험을 바탕으로 친한 사람들에게 들은 걸 이렇게 저렇게 엮어서 추측하고 판단한 결과를 사실로 간주해버리는 경우가 더러 있다. 반면, 자신이 하는 일은 합리적이고 그럴 수밖에 없는 사정이 있다. 흔히 하는 말로 자신이 이성을 만나면 로맨스요, 남이 하면 불륜이다. 또 내가 남의 일에 참견하면 꼼꼼한 것이지만, 남이 참견하면 좀팽이 취급을 한다.

"노란색이 좋아요, 파란색이 좋아요?" 이렇게 물으면 대부분 사람은 둘 중 하나를 반드시 선택한다. 묻는 사람의 처지를 생각해서 그러는 사람도 있지만, 대부분은 별생각 없이 노란색과 파란색 중 하나를 선택한다. 하지만 이럴 때 내가 좋아하는 건 빨간색이라고 말할 수 있어야 한다. 나아가 그렇게 말하는 사람 역시 인정해줘야 한다.

사십 대는 나 중심의 사고방식, 나아가 흑백논리와 헤어질 마지막 기회다. 아직은 사고의 유연성이 적지 않게 남아있는 때이기 때문이다.

물체를 보려면 반드시 빛이 있어야만 한다. 하지만 안타깝게도 우리는 지나가는 빛을 볼 수 없다. 우리가 밝고 어두움을 느끼는 건 주변에서 빛을 반사하고 있기 때문이다. 우주 공간에도 분명 빛은 있다. 그러나 빛을 반사하는 물체가 없으므로 시커멓게 보일 뿐이다. 우주 공간에도 분명 빛은 존재한다. 하지만 우리는 절대 빛을 볼 수 없다. 그렇다면 빛의 존재를 증명하기 위해서는 어떻게 해야 할까. 빛을 반사하는 물체를 놓으면 된다. 물체가 보인다는 건 빛이 있다는 뜻이기 때문이다.

이와 마찬가지로 자기 자신을 알기 위해서는 타인의 시선이 필요하다. "당신은 어떤 사람입니까?"라고 물으면 대부분은 대답을 잘못한다. 그 이유는 과연 무엇일까. 쑥스러워서? 계면쩍어서? 그렇지 않다. 실제로 잘 모르기 때문이다. 그렇다고 해서 자신이 어떤 사람인지 알기 위해 깊은 고민에 빠지는 건 추천하고 싶지 않다. 그래 봐야 절대 답이 나오지 않기 때문이다. 오히려 주변 사람들에게 물어보는 것이 가장 빠르고 사실에 가깝다.

사실 자아 정체성은 주변 사람들의 평가에 의해 서서히 형성되어 간다. 의식하든, 의식하지 못하든 간에 모든 사람은 주변 사람을 평가하고, 주변 사람들 역시 나를 평가한다. 그러니 이제부터라도 주변 사람들의 의견을 존중하고 귀를 기울여야 한다.

우리는 모두 절대적인 기준이 될 수 없다. 더군다나 흑백논리는 다양한 가면을 쓴 채 우리 곁에 항상 머물고 있다. 나는 절대 아니라고 생각되거든, 후배가 내 의견에 따라주지 않았을 때 기분이 어땠는지 돌아보자. 회의 석상에서 말도 안 된다고 생각한 적은 없었는지 생각해보자. 견해가 같은 사람을 만나거든 동지를 만났다고 반가워하고, 의견이 다른 사람을 만나거든 시야를 넓힐 기회라고 받아들일 줄 아는 여유를 갖자.

모든 사람에게는 각자의 기준이 있다. 이에 나의 기준에 맞추도록 요구하는 일도, 어떤 절대적 가치를 강요하는 일도 흑백논리에 사로잡혀 있기 때문이다. 그런 반응들이 쌓여서 우리의 이미지를 형성한다. 그걸 혼자 알아낼 방법은 없다.

누가 알아주지 않더라도,

누가 말해주지 않더라도

멋지게 반응하자.

멋지게 반응하는 것이야말로

최소한의 자기방어라고 할 수 있다.

삶의 후반기에 접어들수록

더욱 그렇다.

일의 결과에 멋지게 반응하자

스물이 갓 넘었을 때다. 하루는 '뭔가 재밌는 일이 없을까'라는 궁리 끝에 후배와 둘이서 장사를 시작하기로 했다. 사업 아이디어는 담배 게임이었다. 고등학생에서 대학생으로 신분 상승한 지가 얼마 되지 않은 대학 신입생들을 상대로 담배 피우는 특권을 만끽하게 하고 싶었기 때문이다.

담배도 피우면서 돈도 벌어보자는 얇은 생각은 이랬다. 담배 필터 부분을 종이로 감싸 보는 것만으로는 담배를 구별할 수 없게 한 상태에서 담배를 피워 담배 이름을 알아맞히면 담배 한 상자를 주는 것이었다. 밑천이 좀 들긴 했지만, 당시 유행하던 은하수, 아리랑, 한산도, 청자, 솔 등 다양한 담배 맛을 볼 수 있을 뿐만 아니라 돈도 벌 수 있어 일거양득이었다.

당시 담배 한 갑에 500원 정도 하던 시절로, 우리는 500원을 내고 담배를 피워서 이름을 맞히면 한 상자를 주기로 했다. 처음에는 제법 장사가 잘 되었다. 누구도 쉽게 담배 이름을 맞히지 못했기 때문이다. 그럴수록 좌판에 벌린 담배 한 개비 한 개비가 모두 돈으로 보였다. 신이 났다. 그럴 수밖에 없는 것이 담배 한 개비에 25원꼴인데 500원을 받았으니 얼마나 많이 남는 장사인가. 쾌재를 부르며 만세삼창이라도 부르고 싶었다.

하지만 그것도 잠시. 얼마 지나지 않아 담배 이름을 정확히 맞히는 사람이 나타났다. 그것도 여학생이었다. 담배 한 상자를 받고 기뻐하는 그녀를 보자 나는 속이 쓰렸다.

'아이고, 내 돈! 밑천 다 날아가네!'

표정이 굳어지고, 얼굴이 붉게 상기되었을 뿐만 아니라 목소리도 잠기고 힘이 쭉 빠지는 게 영 재미가 없었다. 영락없이 화투판에서 돈 잃은 사람 꼴이었다.

하지만 함께 장사하던 후배는 나와 달랐다. 손님이 담배 이름을 맞히자 큰소리로 이렇게 외쳤다.

"와! 축하드립니다. 정말 대단하시네요!"

소리뿐만 아니라 만면에 웃음을 지으며 박수를 요란하게 쳤다. 나는 어리둥절했다. 지금 큰 손해를 보게 생겼는데 저렇게 기뻐하다니. 후배가 그렇게 괘씸해 보일 수 없었다.

하지만 얼마 후 후배의 마음을 알 수 있었다. 그 상황에서 우리가 벌인 장사를 성공으로 이끄는 길은 더 많은 사람을 불러 모으는 것밖에 없었다. 그러니 게임에서 이긴 사람을 홍보하는 건 훌륭한 마케팅이었다.

후배는 이렇게 말했다.

"이 게임은 여러분에게 매우 유리한 게임입니다. 그러니 많이들 참여하세요!"

벌써 30년 가까이 지난 일이지만 어제 일처럼 생생하다.

이미 벌어진 일을 두고 뒤늦게 후회하고 탓해봤자 아무 소용이 없다. 스티븐 코비 박사는 《소중한 것을 먼저 하라》에서 자극과 반응 사이가 인간과 동물을 구분 짓는 중요한 특성이라 주장한 바 있다. 외부에서 자극이 왔을 때 반응하기 전에 자극과 반응 사이의 공간에 멈춰 서서 삶의 원칙에 대해 생각할 수 있다면 자신답게 살 수 있다는 것이다.

확실히 그때 나는 자극에 따라 그대로 반응하는 수준이었다. 그에 반해, 후배는 자극과 반응 사이에 멈춰서 생각하고 반응했다. 즉, 나의 반응은 보통 사람 혹은 속 좁은 반응이었으며, 후배의 반응은 기대 이상이었다.

사실 공정한 게임을 한다고 했을 때, 게임에서 상대가 이기는 건 어쩔 수 없는 일이다. 그러니 그 일을 두고 걱정하고 안타까워하는 건 바보 같은 짓이라고 할 수 있다. 마찬가지로, 우리가 살아가면서 아무 생각 없이 무의식적으로 행하는 일이 얼마나 많은가. 손해가 날 것 같으면 금방 표정이 굳어지고, 목소리가 날카로워지며, 반응 역시 격해진다. 하지만 그럴수록 침착하게 반응해야 한다. 사람들이 우리의 반응을 일일이 체크하고 있기 때문이다. 이에 당신이 어떤 반응을 보이느냐에 따라 당신을 리더로 인정하기도 하고, 평범한 상사로 간주하기도 한다. 그 결과, 도저히 상사로 인정할 수 없다고 여기기도 하며 못난 인간이라고 욕하기도 한다. 물론 그 과정을 당신이 알 수는 없다. 그런 점에서 멋지게 반응하는 것이야말로 최소한의 자기방어라고 할 수 있다. 삶의 후반기에 접어들수록 더욱 그렇다.

매년 인사 시즌이 되면 임원 승진이 초미의 관심사다. 경험상 승진에 미끄러진 사람들은 대부분 근무시간이 한참이나 남았음에도 불구하고 회사에서 일찍 나간다. 어디선가 자신을 알아주지 않는 울분을 토하고 있을지, 역전을 다짐하고 있을지는 모르지만, 내 경험상 반응이 그다지 멋지지는 않다.

회사생활을 통틀어 가장 멋진 반응을 보인 사람은 임원으로 승진한 경쟁자에게 가서 "임 상무님, 승진 축하드립니다."라며 깍듯하게 인사한 후 계속 근무하던 부장님이었다. 그러자 그 부장님과 함께 일하던 부하직원들이 오히려 더 미안해했다. 자신들이 더 열심히 했더라면 부장님이 승진했을 것이라며. (결국, 그 부장님은 다음 해에 임원으로 승진했다.)

누가 알아주지 않더라도, 누가 말해주지 않더라도 멋지게 반응하자. 회사에서는 회사의 목표를 위해서 일하면 싸울 일이 없다. 마찬가지로 가정에서는 가족을 위해서 애쓰면 다툴 일이 없다.

06

세상 앞에 겸손해지자

이사 들어갈 집이 완성되어 가는 모습을 한참이나 앞뒤로 오락가락하며 지켜본 적이 있다. 뼈대만 있는 집이 뭐 그리 볼 게 있나 싶겠지만, 막상 내가 들어가서 살 집이라고 생각하니, 아무리 봐도 지겹지 않았다. 비록 전세일망정 관심과 애정이 가는 건 어쩔 수 없었다.

그러던 중 궁금증을 참지 못하고 공사장을 불쑥 찾아간 일이 있다. 도면에서는 미처 볼 수 없었던 부분이 있었기 때문이다.

마침 점심시간이라 현장에는 아무도 없었다. 3층까지는 계단으로 올라갔다. 하지만 그 위로는 거푸집을 뒤집어 놓아 만든 임시 사다리로 연결되어 있어, 보기에도 위험천만하기 그지없었다. 하지만 이왕 올라온 김에 여기저기 둘러보려던 찰라, 아래층에서 굵은 목소리가 들려왔다. 깜짝 놀라 쳐다보니 공사 관계자였다. 나이가 꽤 들어 보이는 분이었다.

"아, 안녕하셨어요! 저, 여기 계약자입니다. 공사가 얼마나 진행되었는지 궁금해서 들렀습니다."

"아, 그래도 그렇지. 얼마나 위험한 곳인데, 거기까지 올라가고 그래요. 빨리 내려와요."

안전에 대한 염려가 밴 목소리였다. 나이도 적잖게 먹었음에도, 어린 아이 같은 일을 저질러서 꾸지람을 받고 나니 꼼짝없이 얼굴이 새빨개지고 말았다.

"죄송합니다, 죄송합니다."

얼른 사과하고 부리나케 그 자리를 피했다. 영락없이 잘못을 저질러 놓고 딱 걸린 초등학생 짝이었다.

도대체 왜 그랬을까. 공사가 한창 진행 중인 곳에 안전 장구 하나 없이 평상복 차림으로 들어가다니, 정신이 어떻게 된 게 아니었을까. 만일 그분이 나타나지 않았다면 무슨 일이 일어났을지도 모른다. 좌우지간 변명의 여지가 없는 부끄러운 일이었다. 순간, 세상에 대해 더욱 겸손해져야겠다는 생각이 머릿속을 스쳤다. 그러고 보니 세상에 겸손하지 못한 경우가 꽤 많았다.

아이들이 초등학교에 입학해서 학년이 점점 올라가자 수학을 어려워하기 시작했다. 이에 아내와 상의 끝에 학원에 보내기로 했는데, 학원비가 장난이 아니었다. 곰곰이 생각해보니, 초등학교 수학 정도는 내가 가르쳐도 되지 않을까 싶었다. 그도 그럴 것이 공대를 졸업했기 때문에 나름대로 수학에는 자신이 있었다. 그러나 얼마 지나지 않아 곧 후회하고 말았다.

　첫날은 그런대로 지나갔다. 그런데 두 번째, 세 번째 날이 되자 그렇게 부담스러울 수가 없었다. 내 일만으로도 벅찬데 수업준비를 한다는 게 여간 힘든 일이 아니었기 때문이다. 결국, 수업 준비가 부족한 채로 아이들 앞에 서는 날이 많았다. 그러니 수업이 제대로 될 리 없었다. 진땀을 흘리기 일쑤였고, 결국 두 손 두 발 다 들고 아이들을 다시 학원에 보내야 했다.

　겸손하지 못했다. 세상에 만만한 일이 어디 있다고, 그렇게 함부로 덤비다니. 사십 중반에 이른 나이가 부끄러웠다.

　생각건대, 행운이나 불행은 겸손의 미덕과 연결되어 있다. 실례로, 운동을 처음 시작하면 몸에 잔뜩 힘이 들어간다. 이에 운동 자세만 익히는 데도 10년이 걸리며, 거기서 힘을 빼는 데 또다시 10년이 걸린다고 하지 않던가. 그러니 팽팽한 긴장감은 경험이 부족함을 나타내는 것이라고 할 수 있다.

　"하수의 눈으로는 절대로 고수를 측량하지 못한다. 그러나 고수의 눈으로는 하수를 대번에 측량할 수 있다. 바둑 고수들은 대국에서 이긴 다음 소감을 물으면 대부분 자기가 잘 돼서 이긴 것이 아니라 상대가 실수해서 이긴 것이라고 대답한다. 그들의 대답은 입에 발라진 겸손이 아니라 수많은 대국을 통해서 얻어낸 진실이다. 그러나 하수들에게는 진실조차도 가식으로 보인다. 왜냐하면, 하수들은 습관적으로 진실을 포획하는 그물보다 가식을 포획하는 그물을 자주 사용하기 때문에 가식과 진실을 명확하게 구분하지 못한다."

-이외수, 《글쓰기의 공중부양》 중에서

하수가 고수를 단번에 측량할 수는 없지만 여러 번 부딪치면 고수를 알아볼 수는 있다. 그렇듯 인생 경험을 충분히 했다고 여겨지는 사람은 결코 자신만만한 사람이 아니다.

경험과 고민으로 의식의 확장이 일어나 여유가 있는 사람을 만나게 되면 우리는 저절로 겸손해지게 된다. 따라서 모든 일에 정답을 가지고 있다거나 조금만 생각하면 답을 낼 수 있다는 식의 자신만만함보다는, 나보다 못한 사람은 없다는 마음으로 세상을 살아가야 한다.

07

21세기형 도사는
도서관에 출몰한다

"어허! 자꾸 그런 식으로 하면 얘기가 안 되지!"

어눌한 목소리가 들려 돌아보니 80대 노인이다. 무슨 일인가 싶어 이 야기를 들어보니, 60대로 보이는 여자분이 80대 노인에게 영적 신념을 전파하려고 애쓰는 중이었다. 실례였지만, 두 사람의 대화 패턴이 재미 있었다. 60대 여자는 성서를 인용해 이런저런 말을 건네면서, "그것에 관해 어떻게 생각하느냐?"며 끊임없이 대화를 유도했다. 이에 80대 노 인은 "그건 당신만 아는 책에 나오는 얘기"라며 한사코 부인하기 일쑤 였다. 노인은 "당신만 알고, 나는 모르는 얘기가 무슨 의미가 있냐?"며, 자기 생각을 말하라고 했다. 그러면 자신도 응하겠다는 것이었다. 상대 얘기가 끝나길 기다렸다가 조용히 자신의 의견을 개진하는 게 보통 분 이 아닌 듯했다. 보통 이런 상황이면 대부분 귀찮은 듯 떨쳐버리려고 하건만 화를 내는 법도 없었다.

같은 패턴으로 얘기와 반박이 몇 차례 오가자 그제야 답답했던지 노인이 자리를 털고 일어났다.

"대화라는 건 말이에요. 서로 생각을 말해야지, 자기만 아는 걸 일방적으로 전달하면 안돼요. 좋은 시간 되세요."

점잖게 마무리를 하고는 가방을 챙겨 들고 도서관을 나서는 노인의 모습에 큰절이라도 올리며 가르침을 청하고 싶었다. 나무꾼과 선녀 시대에 인적 드문 산속에만 홀연히 나타났다 사라졌다는 도사가 나타난 건 아닌가 하는 생각마저 들었다.

(비록 몇 시간일지라도) 새해가 되면 많은 사람이 건강을 챙기겠다며 담배와 술을 끊곤 한다. 또 가족과 더욱 친해지겠다며 가족과 친해지는 프로그램(여행, 외식, 집안일 돕기 등)에 참여하기도 한다. 자기계발 역시 필수항목 중 하나다. 이에 외국어 학원에 다니거나 독서에 매진하기도 한다.

책 읽는 가정을 만들겠다며, TV를 없앤 지 5년이 되어간다. 하지만 지금도 딸아이는 TV를 사자며 가끔 졸라대곤 한다.

"이다음에 내가 어른이 되면 아빠 얼굴보다 50배 큰 TV를 사고 말 거야!"

친구들 사이에서 요즘 유행하는 드라마나 아이돌 얘기를 하지 못하니 답답하다는 것이 딸아이의 주장이다. 그런데도 아주 가끔이지만, 책 이야기로 내 가슴을 붕 뜨게 만들 때가 있다.

"아빠, 요즘은 글 안 써? 얼른 책 좀 내봐. 친구들한테 다 자랑해놨단 말이야."

우리나라에는 1만여 개의 출판사에서 하루 200여 종류의 책이 출간된다고 한다. 1년이면 7만여 종류의 책이 출간되는 셈이다. 나는 책 읽기를 중요하게 생각하지만, 독서광은 아니다. 일주일에 1권 정도 읽으니, 한 달에 4권, 일 년이면 52권을 읽는 셈이다. 주변 사람들과 비교하면 결코 적게 읽는 편은 아니지만 새롭게 쏟아지는 책의 0.07%만 겨우 접할 뿐이다.

책을 많이 읽자는 얘기를 하려는 게 아니다. 사실 아무것도 하지 않고 책만 읽는다고 해도 모든 책을 접한다는 건 불가능한 일이다. 하루에 200권을 어떻게 읽는단 말인가.

사람은 어느 정도 정보를 쌓으면 패턴을 인식해서 지식으로 전환한다. 그리고 그 지식이 쌓여 이론적인 체계가 세워지면 학문의 영역으로 넘어간다. 여기에 지혜는 없다.

지혜는 반드시 경험이 바탕이 되어야 한다. 따라서 공부를 많이 했다고 해서 반드시 지혜로운 것은 아니다. 경험상 오히려 오랜 세월 풍파를 겪으면서 살아남은 노인이 지혜로울 가능성이 더 높다. 신입사원이 입사 후 홍역을 한두 번 겪고 나야 비로소 제 역할을 하는 것 역시 그와 같은 이치다.

책도 이와 비슷하다. 1년에 쏟아지는 7만여 권의 책을 다 읽겠다고 덤비는 건 바보 같은 일이다. 사실 다 읽을 필요도 없다. 그 내용을 다 안다고 해서 달라지는 건 없기 때문이다.

법정 스님이 쓰신 《무소유》 문고판을 한 권 갖고 있다. 1993년에 1,500원을 주고 사서 한두 번 읽은 후 책꽂이에서 먼지만 뒤집어쓰고 있던 책이다. 그런데 몇 해 전 법정 스님께서 열반에 드신 후 문고판 1권이 200만 원에 낙찰되었네, 어쩌네 하는 소리를 듣고는 다시 꺼내 보게 되었다. 누렇게 변한 책 한쪽이 접혀있었다. 펼쳐보니 '人形과 人間'이란 제목의 수필이었다.

"얼마만큼 많이 알고 있느냐는 것은 대단한 일이 못 된다. 알고 있는 것을 어떻게 살리느냐가 중요한 것이다. 인간의 탈을 쓴 인형은 많아도 인간다운 인간이 적은 현실 앞에서 지식인이 할 일은 과연 무엇일까. 먼저 무기력하고 나약하기만 한 그 인형의 집에서 나오지 않고서는 어떠한 사명도 완성할 수 없다."

알고도 실천하지 않으면 소용없다는 진실의 이면에는 먼저 알아야 한다는 메시지가 이 책 속에 숨어있다. 몰라서 못 하는 것과 알고도 안 하는 것은 초등학생과 대학생 정도의 차이다. 누군가 이렇게 물을 수도 있다.

"이것 보세요. 우리나라 중년층이 지금 어떤 상황인지 알고 하는 말씀이세요?"

안다. 가장 역할 하느라 허리가 휘고, 책임감에 새가슴이 된 지 오래라는 걸. 만 원짜리 책 한 권 사는 것조차 신경이 쓰인다는 걸. 하지만 그럴수록 더 부지런히 배우고 익혀야 하지 않을까.

이왕이면 책 읽기로 그것을 시작했으면 좋겠다. 삶의 후반기로 접어들면, 같은 책을 읽어도 보이고, 들리고, 울리는 게 다르다는 사실을 실감하게 된다.

경험과 연륜은 기타의 울림통과도 같다. 기타 줄을 통기면 공명이 되어 볼륨이 생기고 여운과 섞여 부드러워진다. 듣는 이로 하여금 아늑함과 감미로움에 빠져들게 한다. 마찬가지로 같은 말을 하고, 같은 행동을 해도 울림통을 거친 언행은 절로 깊어진다.

사십 대를 지나면서 한 달 책값으로 20만 원을 사용했을 때 돈이 아깝다는 생각보다는 왠지 기분이 좋았다. 자신을 채우기 위해 노력한다는 사실이 기뻤기 때문이다. 그걸로 아이들 학원 보내는 게 더 낫지 않겠냐는 망설임이 그 전의 생활이었다면, 내가 책 읽는 걸 보고 아이들 역시 뭔가 배울 것이라는 막연한 기대가 요즘은 나를 들뜨게 한다. 그래서인지 요즘은 집사람과 아이들도 책을 읽는 횟수가 늘었다. 이에 아이들이 생각 깊은 의견을 내거나 아내가 책 얘기를 하면 그렇게 기쁠 수 없다.

돌이켜 보건대, 20여 년 전 법정 스님의 글을 보았을 때 뭔가 느낌이 있었기에 거기에 표시를 해둔 것이 틀림없다. 하지만 나와는 동떨어진 내용이라고 생각했다. 삶에 변화를 주지 못했기 때문이다. 그러나 세월이 흐르고 경험이 쌓이자, 마침내 글의 메시지를 향해 마주 설 수 있게 되었다. 경험이 쌓이면서 일상의 작은 경험이나 에피소드에서 의미를 읽기 시작한 것 같다.

21세기형 도사는 도서관에 출몰한다. 아닌 게 아니라 요즘 도서관에는 중년 남자들이 확실히 많아졌다. 그러니 사십 대에 접어들었다면 다른 자기계발보다 책 읽기를 가장 먼저 해보는 게 어떨까. 남보다 앞서가지는 못하더라도 최소한 뒤처지지는 않아야 할 것 아닌가.

08

삶의 지혜를 들려줄
사부를 모시자

하늘이 흐리면 마음도 따라서 흐린 날이 많다. 그까짓 비쯤이야 아무렇지도 않게 여기곤 했는데, 세월이 갈수록 비를 맞으며 외출을 하려고 하면 마음이 여간 불편한 게 아니다. 그도 그럴 것이 부쩍 힘이 빠진 머리카락이 착 달라붙는 모양이 자신을 더욱 초라하게 만들기 때문이다.

나이가 들수록 학창시절의 선생님과 친구들이 가끔 그리워지곤 한다. 이제 와서 또다시 인연을 이어서 뭘 하나 싶다가도 문득문득 궁금해지는 것은 과연 무슨 까닭일까.

'나이 들어서 제일 겁나는 건 아내가 곰국 끓일 때라던데.' 라는 말에 피식 웃긴 하지만 은근히 마음이 조이는 건 그만큼 신경이 쓰이기 때문이다. 음식물 쓰레기를 버리고 오라고 잔소리를 해대는 아내를 째려보는 건 자신감이요, 더는 군말 없이 해주는 건 현실이다.

전에 없던 변화들이 생기다 보니 앞날에 대한 두려움 역시 자꾸만 커지는 게 확연하게 느껴진다. 이럴 때 믿고 의지할 수 있는 형이나 선생님 같은 사람이 있으면 얼마나 좋을까.

운전을 해본 사람은 안다. 속도를 높일수록 시야가 좁아져서 옆이 잘 보이지 않는다는 사실을. 그러니 꽃이 피었는지, 벼가 익었는지, 산이 어떻게 생겼는지 제대로 알 수 없다. 물론 "에이 뭘, 그래도 다 보여." 라고 말하는 사람도 있을 것이다. 하지만 그건 착각에 불과하다. 내가 보는 것이 전부라는 착각 말이다. 그 착각에서 벗어나지 못하면 사부님을 모실 마음의 공간을 확보하기가 절대 쉽지 않다.

마찬가지로 아내나 아이들의 입장을 다 안다고 생각하는 것 역시 착각에 불과하다. 부장이면 부장의 눈으로 보이는 것만 보일 뿐, 과장, 대리를 거쳐 왔다고 해서 그들의 입장을 다 안다고 생각하는 것과 똑같은 이치다. 하지만 이는 앞만 보면서 운전하는 것만 똑같다. 그러니 그 생각의 한계에서 벗어날 수 없는 것 역시 자명하다.

'사부'란 무협영화에서 나오는 백발이 성성하고 내공이 최고에 이른 사람을 말하는 것이 아니다. 무심코 지나치는 노숙자로부터 노후에 대한 교훈을 배울 수도 있으며, 사무실에서 커피 한 잔 가져다주는 신입사원의 모습에서도 아름다운 인간미를 배울 수 있다. 또 아침에 '잘 다녀오라'며 인사하는 아내에게서 사랑을 배울 수도 있다. 그런 마음가짐이 바로 사부다.

이런저런 강연회에 참석하다 보면 이미 다 알고 있는 사실을 강조하는 강사를 만날 때가 있다. 이에 이미 다 알고 있는 얘기라며 헛된 짓을 하는 사람들이 간혹 있는데, 그럴수록 정신을 차려야 한다. 강사에게 돈 줘가며 그런 자리를 만든 건 모르는 사실을 알려주려는 게 아니기 때문이다.

태어나서 지나온 세월 동안 듣고 보고 배운 게 얼만데 아직도 삶의 비밀을 운운하는가. 또 그것에 대해서 얘기해주는 강사가 얼마나 있을 것으로 생각하는가. 강의의 목적은 새로운 비밀이 아닌 실천의 계기를 마련해주고자 하는 데 있다. 그러니 비록 다 알고 있는 내용일지라도 강사의 열정에 감염되거나, 재미있는 설명에 감동하여 실행할 수 있도록 돕는 자리라고 생각하는 것이 옳다. 마음에 사부가 있다면 가능한 일이다.

오동엽 씨는 스물여섯에 미국으로 건너가 30여 년을 그곳에서 살다가 2년 전에 귀국했다. 그만큼 돈도 많이 벌었고, 자녀들 역시 훌륭하게 성장시켰다. 한마디로 자수성가한 것이다.

그에게 성공비결에 관해서 물었다. 그러자, 그는 캐빈이라는 유대인 이야기를 먼저 꺼냈다. 캐빈은 청소업체를 운영하던 사장이었다.

그는 미국에 간지 10년 만에 사업을 시작했다고 한다. 하지만 일이 잘 풀리지 않아 캐빈 밑에서 청소 일을 하게 되었다. 마흔을 목전에 두었을 때였다.

어느 날, 그는 독립하고 싶다며 캐빈에게 사업 견적을 내는 방법을 가르쳐달라고 했다고 한다. 즉, 영업비밀을 말해달라는 것이었다. 그러자 언짢아할 줄 알았던 캐빈은 이렇게 말했다.

"그럴 줄 알았다. 당신은 내 밑에서 일할 사람이 아니다."

그러면서 영업 비밀을 온전히 알려주었을 뿐만 아니라 영업구역 역시 할애해주었다. 내 일처럼 워낙 열심히 하다 보니 그의 눈에 든 덕이기도 했고, 잠재적 경쟁자를 관리하고자 하는 의도이기도 했다.

그는 캐빈에게 사업을 하면서 반드시 지켜야 할 조언을 부탁했다. 그러자 잠시 망설이던 그는 이렇게 말했다고 한다.

"내가 한국사람 여러 명하고 일을 해봤는데, 한국 사람들은 타임 컨트롤(시간 조절)이 매우 약해요. 특히 약속을 지키는 것과 계획을 세우고 실행하는 게 잘 안돼요. 또 머니 컨트롤 역시 약해요. 사업을 하다 보면 돈을 많이 벌 때도 있지만 그렇지 않을 때도 잦아요. 이에 사업을 하는 사람이라면 그걸 잘 조절할 줄 알아야 해요. 그것만 신경 쓰면 충분히 성공할 수 있을 거예요."

이에 오 씨는 그 말을 그대로 따랐다. 핵심을 짚어주는 솔직함에 진한 정을 느꼈을 뿐만 아니라 자신에게 꼭 필요한 말이라고 여겼기 때문이다. 그렇게 해서 그는 승승장구할 수 있었다.

귀국 후에도 그는 캐빈과 정기적으로 연락하고 있다. 또 지금도 그의 가르침을 잊지 않고 실천하고 있으며, 특히 시간 약속을 지키지 않는 사람과는 절대 거래를 길게 하지 않는다.

형제 사이에도 가르치려고 들면 기분이 좋지 않은 법이다. 그래서 조언을 한다는 게 여간 어려운 것이 아니다. 하지만 더러는 조언을 바라는 사람들도 있다. 그런 사람들일수록 어려움에 처한 경우가 많지만, 일견 그렇게 보이지 않는데도 조언을 청하고 듣기를 즐기는 사람들도 있다. 바로 사부님을 모시는 사람들이다.

그들은 줏대 없이 듣는 대로 행하는 사람들과 확실히 다르다. 또 남의 말을 통해 자신의 언행을 깊이 반성할 뿐만 아니라 자기 발전의 계기로 삼고자 한다. 그러니 그들이 다른 사람들에 비해 실수가 적고, 더 많은 기회를 얻는 것은 어쩌면 당연한 일이다.

'충고해도 좋을 때는 상대방이 원할 때뿐'이라는 말이 있다. 마음의 준비가 된 상태에서만 충고가 의미 있다는 뜻이다. 사부님을 모시는 것 역시 마찬가지다. 사부님을 모실 수 있을 때는 자신이 원할 때뿐이다.

배워서 변화하고, 성장하며, 발전하려면 나이가 들수록 마음속에 사부님을 모셔야 한다. 그러자면 평소에 사부를 모실 준비가 철저히 되어 있어야 한다. 준비가 되면 사부가 나타나는 게 아니라 준비가 되어 있어야만 사부가 보이기 때문이다.

더 성장하려면

남이 골을 넣을 수 있도록

배려해야한다.

부지런히 몸을 움직이는

후배를 향해

날카로운 스루패스를 찔러주자.

그것이 나를 더욱 성장시키는 길이다.

09

후계자를 키우자

"제 역할은 어시스트하는 것입니다. 그러니까 저를 만난 사람들은 저를 좋아할 수밖에 없습니다. 그렇게 해서 사귄 CEO가 대략 1,500명 정도 됩니다. 그런 점에서 저는 대한민국에서 우호적인 인적 자원을 가장 많이 가진 사람 중 한 명이라고 할 수 있습니다. 그 비결은 바로 제가 어시스트형 인간이기 때문입니다. 만일 제가 다른 사람들처럼 골을 넣으려고 했다면 그들 모두를 사귈 수 없었을 것입니다."

이는 민간인 출신으로 첫 중앙공무원교육원장을 지낸 윤은기 씨의 말이다. 경영 컨설턴트에서 방송인, 대학 총장을 거쳐 차관급인 중앙공무원교육원장까지, 그가 승승장구할 수 있었던 비결은 바로 어시스트였다. 자신이 아닌 다른 사람이 잘되도록 도운 것이다.

당신이 중년이고, 같은 분야에서 계속 업무를 해왔다면 20년 이상 한 분야에서 일한 셈이다. 그러니 당신 역시 그 분야의 전문가라고 할 수 있다. 만일 당신이 마케팅 분야를 맡고 있다면 개발 일정이 어느 정도 늦을지, 어느 지역에서 얼마나 주문이 올지, 홍보는 어디서부터 어떻게 시작해야 할지, 판매 시기는 언제가 좋을지, 경쟁사에 밀릴 경우 차선책은 무엇인지 훤히 보일 것이다.

다음은 윤 원장이 직접 겪은 일화 중 하나다.

한 번은 공무원들을 대상으로 직접 강의를 하면서 "일찍 일어나는 새가 벌레를 잡는다."고 했더니, 어느 공무원이 "그럼 일찍 일어나는 벌레는 잡아먹히는 거 아닌가요?" 라고 물었단다. 이에 윤 원장은 매우 큰 충격을 받았다고 한다. 그래서 강의가 끝난 후 그 공무원을 만나서 이렇게 말했다.

"논리적으로는 당신 얘기가 맞다. 일찍 일어나서 움직이는 벌레는 새에게 잡아먹힐 수도 있다. 하지만 중요한 것은 정체성이다. 그래서 자신을 새라고 생각하느냐, 벌레라고 생각하느냐는 매우 중요한 문제다."

사람의 역량은 정체라는 게 없다. 전진 아니면 후퇴다. 역량이란 상대적으로 평가되기 때문이다. 다른 사람들 역시 똑같이 생각하고, 행동하며, 환경이 똑같다면 가능한 얘기지만 그런 일은 절대 일어나지 않는다.

그런 점에서 가만히 있는 건 퇴보나 다름없다. 나는 가만히 있어도 후배와 동료, 선배는 전진하고 있기 때문이다. 퇴보는 곧 밀려나는 걸 의미한다.

퇴보하는 사람에게는 구조조정의 칼날이 가장 먼저 덮친다. 가만히 있으면 비록 안전할 수는 있지만 큰 위기에 처할 수 있다. 반면, 귀찮고 힘들지만, 변화를 지속하는 사람은 끊임없이 성장하게 된다. 그래서 더욱 후계자를 양성해야 한다. 후계자가 꼭 한 명일 필요는 없다. 또 스승과 제자 사이일 필요도 없다.

물류회사에서 일하는 최경훈 부장은 후계자에 대해서 이렇게 말한다.

"후계자를 키워야 해요. 누구나 언젠가는 반드시 회사를 떠나야 하니까요. 그래서 부하 육성이 리더의 중요한 책임이 된 지 오래입니다. 회사에서도 그걸 요구하고요. 위에서 봤을 때는 책임감이 투철한 친구가 후계자로 적합합니다. 어떻게 해서라도 목표를 달성해내기 때문입니다. 일단, 조직에 도움이 되니까요. 그런 사람들 가운데서 리더가 나옵니다. 일단, 자기 책임을 완수해야 더 큰 일을 맡길 수 있고, 그래야만 리더십도 인정받고 동료나 상사와의 관계도 좋아져요. 일을 피하고 도망 다니는 친구들도 있는데 그런 사람들은 이런저런 사업에 투입할 수 없어요. 그러니 기회가 아예 없는 거죠"

후계자가 되고 싶은 사람들은 물론 후계자를 키우려는 사람들 모두가 귀담아들어야 할 얘기다.

직장인이라면 대부분 후계자가 되기를 원한다. 승진, 급여(보너스 포함), 휴가는 직장생활의 3대 기쁨이라고 할 수 있다. 그중에서도 최고는 단연 승진이다. 이는 승진을 하면 후계자가 될 수 있는 확률이 그만큼 높아지기 때문이다.

흔히 후계자를 키우는 일을 원석을 다듬어 보석을 세공하는 일에 비유하곤 한다. 보석 세공인들이 원석의 경도(단단한 정도)를 잘못 판단하면 가공 중에 깨지는 일이 발생한다. 그래서 원석을 세심하게 다루지 못하는 사람들은 중도에 포기하는 일이 많다고 한다. 하물며, 사람 다루는 일은 더 힘들지 않을까.

후계자를 키우는 일은 어시스트와 같다. 내가 직접 골을 넣어야 하는 게 아니기 때문이다.

더 성장하려면 남이 골을 넣을 수 있도록 배려해야 한다. 부지런히 몸을 움직이는 후배를 향해 날카로운 스루패스를 찔러주자. 그것이 나를 더욱 성장시키는 길이다.

어떤 사람들은 후계자를 키우면 자신의 자리가 위협받는다고 생각한다. 하지만 전혀 그렇지 않다. 후계자를 키우는 것은 오히려 나를 더 빛나게 하고, 나의 존재 가치를 더 크게 하는 일이기 때문이다. 뛰어난 후배라면 키워준 상사를 '나를 성장시켜준 좋은 선배'로 기억할 것이며, 보통의 후배라면 '부족함을 채워준 고마운 사람'으로 기억할 것이다.

내 인생의 더 큰 성장을 위해 후계자를 키우자. 부지런히 뛰는 후배들을 향해 날카로운 패스를 날리자. 이왕 가야 할 길이라면 떠밀려서 가기보다는 자발적으로 당당하게 가는 것이 더욱 아름답지 않겠는가.

10

세상과 소통하자

SF 영화는 과학기술을 기반으로 미래의 모습을 상상한 것이다. 그러나 경우의 수가 많음에도 불구하고, 긍정적인 메시지는 별로 없다. 대부분 어둡고 암울하며 불안하다. 내가 기억하는 한 수천만 달러씩 들여 제작한 영화 가운데 미래를 밝게 그린 영화는 본 적이 없다. 외계인들을 물리치지 않느냐고? 그럼 물리치는 과정에서 파괴된 사회와 그 과정에서 죽어 나간 사람들은 어떻게 할 것인가.

지구라는 관점에서 바라보면 우리는 공동운명체다. 과학 문명이 월등한 외계인이 침공해온다면 무사할 리 없기 때문이다. 지구 온난화로 인해 해수면이 올라가거나, 빙하기가 다시 온다고 해도 마찬가지다.

영화는 비즈니스다. 따라서 사람들이 보고 싶어 하는 걸 만든다. 그런 점에서 SF 영화가 어둡고 암울한 결말 일색인 건 그만큼 우리가 미래를 어둡게 보고 있다는 방증이다. 바꿔 말하면 미래에 대해서 자신이 없다는 것이다.

현재 우리는 지구 온난화에 대해서 한목소리로 걱정하고 있다. 문제는 그것이 개인적인 문제가 되면 전혀 다르다는 것이다. 예를 들면, 자동차가 매연이 많이 나오면 LPG 차로 바꾸든지, 전기차로 바꾸면 된다. 하지만 거기에 내 돈이 들어가야 한다면, 생각이 달라진다. 지구 온난화는 안중에도 없다. 지구를 위해 필요한 희생은 다른 사람의 몫이라고 생각하기 때문이다. 나는 그저 나일 뿐이다.

사회는 많은 사람이 어울려 살아가는 곳이다. 그러다 보니 어떤 사람들은 자신이라도 조용히 있어야 도움이 된다고 생각한다. 이에 할 말이 있음에도 쉽게 나서지 않는다. 나아가 남들이 그렇게 행동하는 것 역시 못마땅해한다. 물론 그중에는 하나 마나 한 얘기를 반복하는 사람도 있으며, 나는 잘하고 있으니 너나 잘하라며 떠드는 사람도 있다. 문제는 가만히 있으면 다른 사람들의 의견이 전체 의견이 되고 만다는 것이다. 별로라고 생각했던 의견이 대세가 되어버리는 것이다. 그렇게 되면 어떻게 해야 할까.

그런 일이 예사로 벌어지는 곳이 바로 우리가 살아가는 사회다. 세상일에 대해 누구도 내게 의견을 묻지 않으며, 자문하지 않는다. 그 결과, 스스로 참여하지 않으면 의견 없음으로 무시되며 그냥 흘러가고 만다. 때문에 자신의 생각과 뜻을 밝힐 장치가 필요하다.

참여 방법은 다양하다. 하지만 어려운 것보다는 쉬운 것부터 시작하는 것이 좋다.

관심 분야를 인터넷 검색하는 건 어떨까. 정치에 관심이 있으면 각종 정치 사안에 대해 댓글을 남길 수 있다. 그것도 부담이 된다면 글을 읽는 것만으로도 충분하다. 검색 수로 데이터화되기 때문이다. 검색 수가 1,000인 글과 10,000인 글은 정치인이 받아들이는 정도의 차이가 매우 크다. 검색 수가 많다는 건 유권자가 그만큼 관심이 있다는 뜻이기 때문이다.

지극히 개인적인 취미를 즐기면서도 사회에 참여할 수도 있다. 등산을 하면서 계절별로 산이 변하는 모습을 사진으로 찍어 블로그나 포스트 등에 올리는 것이다. 비록 한 개인에게는 작고 추억을 간직하는 일 일지 모르지만, 누군가에게는 지구 온난화를 경고하는 시그널이 될 수도 있기 때문이다.

관심 주제를 다루는 시민단체나 학회, 각종 모임에 가입해서 후원금을 내는 것 역시 좋은 방법이다. 만일 그것도 싫다면 홈페이지를 자주 방문하는 건 어떨까. 방문자 수가 많은 홈페이지는 광고를 통해 돈을 벌 수 있으므로 결국 후원을 하는 셈이 된다. 하지만 그것 역시 귀찮다면 언젠가 외계인이 침공해오고, 지구 온난화로 인해 자신이 살던 집이 물에 잠겨도 원망하지 말아야 한다.

2008년 2월 남대문이 불타던 날을 기억하는가. 1910년 한일강제병합, 1636년 병자호란, 1592년 임진왜란…… 이렇듯 역사는 반복되면서 우리에게 참여를 요청하고 있다. 되돌릴 수 없는 일은 예방 말고는 없다.

사람은 결코 혼자서 살아갈 수 없다.

함께 어울려서 살아가야 한다.

사실 이웃과 부딪칠 일이

얼마나 많은가.

그런데 서로 인사하고 얘기하면서 지낸다면

서로 이해도가 높아지고 포용하게 되니

행복에 한 걸음 더 가까워질 수 있다.

11

이웃과 인사하자

명함을 받으면 이름을 먼저 보는 게 아니라 무슨 일을 하는지를 먼저 확인한다는 출판사 사장을 만난 적이 있다. 출판업에 오래 종사하다 보니 책이 나올 수 있는 사람인지에만 관심이 쏠려 좀 미안하다며 꺼낸 이야기였다. 사람 자체보다는 그 사람의 배경을 더 궁금하게 여기게 되는 직업의식의 발로였던 셈이다. 이에 코치로서 프로의식이 발동한 나는 관점을 바꿔보는 의견을 표했다.

"사람의 이름에는 아무런 정보도 담겨있지 않습니다. 따라서 그 사람이 어떤 사람인지 알려면 무슨 일을 하는지 보는 것이 더 낫습니다. 그러니 사장님께서 잘하시는 것입니다."

그러자 출판사 사장은 "명함만 보고 알려면 그렇겠네요."라며 수긍해 주었다.

비록 여러 사람이 대화를 나누던 중 잠시 스쳐 간 짧은 얘기였지만 인간관계에 대해 다시금 생각해볼 좋은 기회였다.

직장문제로 오랫동안 정들었던 곳을 떠나야 했던 적이 있다. 사실 그곳은 전 생애를 통틀어 가장 오래 살았던 곳이었다. 또 맨몸으로 와서 결혼하고, 아이 둘을 얻어 가족을 이룬 곳으로, 우리 가족의 많은 추억이 있는 곳이기도 했다. 새파란 20대 후반에 이방인으로 와서 떠날 즈음에는 원주민들이 즐비한 아파트에서 입주자 대표회장을 지냈으니, 실로 다양한 사람을 만났다.

태풍이 불면 문제가 생길 곳은 없는지, 눈이 오면 미끄러운 곳은 어디인지, 인적이 드문 새벽에 방범은 어떻게 하는지, 사람들과 화기애애한 분위기를 만들려면 어떻게 하면 좋을지……. 이런 일들을 함께 의논하고 토론하는 일이 너무 좋았다. 또한, 생면부지의 이웃들과 함께 서로의 의견을 나누며 하나가 되는 시간이 너무도 행복했다.

나이가 들면서 삶이 팍팍해지는 사람이 있는 반면, 새롭게 피어나는 사람들도 적지 않다. 이에 나처럼 정들었던 곳을 떠나 새롭고 낯선 곳으로 옮기는 경우도 더러 있다. 그러다 보면 더러는 마찰이 생기기도 한다. 하지만 그에 앞서 이웃과 만나는 순간이 반드시 있기 마련이다. 엘리베이터를 기다리며 두리번거리는 중 입구로 들어서는 이웃과 눈이 마주치는 경우, 분리수거 날 부스스한 얼굴로 딱 마주치는 경우, 집 근처 할인마트에 갔다가 너무나 자연스러운 옷차림으로 인사를 나누게 되는 경우 등등. 그럴 때는 가볍게 묵례라도 나누는 게 어떨까.

이웃에게 관심을 두고 인사를 나누다 보면 뜻밖에 많은 사실을 알 수 있다.

'아하! 이웃집 아저씨가 매일 인상을 쓰며 들락날락하는 게 담배를 피우려고 하는 거였구나!' 또 현관문 밖으로 새어 나오는 사나운 부부싸움 소리에 50대 부부를 생각했는데 막상 보니 앳된 얼굴을 한 새댁이거나 젊은이인 경우도 있다.

동네를 알아가고, 이웃을 알아가는 과정을 거치는 건 그만큼 중요하다. 그렇다면 낯선 곳으로 이사할 경우 이웃과 어떻게 지내는 것이 좋을까.

스콧 니어링 부부가 《조화로운 삶》에서 인용한 홀(Basil Hall) 대위의 글에 그에 대한 지혜가 나타나 있다.

"내 생각에 새로운 고장에 살러 온 사람이 지켜야 할 첫 번째 규칙은 언제나 그곳 풍습을 있는 그대로 따라야 한다는 것이다. 그곳에 완전히 눌러살면서 그곳 사람들과 하나가 되기 전까지는 섣불리 그곳을 뜯어고치려는 뜨거운 욕망은 자제해야 한다."

입주자 대표회장으로 선출되었을 때 의욕이 넘친 나머지 대표 회의실을 회사 회의실처럼 멋있게 꾸미려고 한 적이 있다. 그곳에서 CEO처럼 일하며, 회사처럼 스피디하고 효율적으로 아파트 일을 처리하려는 의도였다. 하지만 곧 사람들이 어울려 살아가는 동네와 회사는 전혀 다른 세상이라는 걸 알게 되었다.

회사 일과 동네 일은 많이 달랐다. 회사 일은 방향을 정하고 나면 모든 자원을 그곳에 집중해서 투입한 후 효율적으로 일이 추진될 수 있도록 정열을 쏟는 것이 포인트지만, 동네 일은 기본적으로 누구도 불만을 가지면 안 된다. 모두가 만족해야 하기 때문이다. 하지만 애당초 그건 불가능에 가깝다. 그걸 알면서도 지루한 검토와 논의 과정을 거쳐야만 한다. 어느 집에서 불만이 생기지는 않을지, 어느 집에 피해가 가지는 않을지, 어느 한쪽 동에만 시설 개선이 집중되지는 않는지, 노인회 어르신들은 어떻게 생각할지, 아이들 입장에서는 어떨지, 성격 급한 주민은 어떤 반응을 보일지 등등……. 회사 일을 하던 사람에게는 참으로 한가해 보이고 답답한 상황이 이어진 후에야 조심스럽게 일이 마무리된다.

"음, 다음 달에 다시 논의합시다!"

우스운 얘기일지 모르지만 이런 경우가 많다.

사실 이게 나쁘다는 건 아니다. 동네 일과 회사 일의 차이가 그런 게 아닌가 싶다. 회사는 돈을 버는 게 목적이고, 주민대표 기구는 모든 주민이 행복하게 거주하도록 돕는 게 목적이기 때문이다. 두 집단의 회의 스타일을 비교하면 행복한 삶을 위해 어떤 노력을 해야 하는지 훤히 보인다.

사람은 결코 혼자서 살아갈 수 없다. 함께 어울려서 살아가야 한다. 그 결과, 집단 속에서 각자의 행복을 추구하며 살아가다 보니 이웃의 상태에 따라 영향을 받는 건 당연하다. 왜 이런 말도 있지 않은가. '집을 사는 게 아니라 이웃을 사는 것이다'라는.

이웃과 인사를 하려고 마음먹으면 처음에는 어색하기 그지없다. 첫사랑 고백하는 것도 아닌데 왜 그리 망설이게 되는 건지 모른다. 이에 얼굴까지 벌겋게 상기될 정도로 고민하다가 그만두고 만다. 하지만 그런 순간을 몇 번 넘긴 후 그래도 나이 먹은 값으로 인사를 하고 나면 상대도 100% 반응하고 답례한다. 그리고 그렇게 몇 번 하다 보면 그냥 아는 사람이 된다. 사람 마음이 다 거기서 거기인 까닭이다. 그렇다면 거기에 대한 보상은?

마음이 따뜻해진다. 콩 한 쪽을 나눠 먹어서 배가 부른 게 아니다. 마음이 따뜻해지면 고난을 고난으로 여기지 않고, 고통을 고통으로 여기지 않게 된다. 그래서 진심으로 뉘우치고 용서를 구하는 사람에게 우리는 관대해지는 것인지도 모른다.

사실 이웃과 부딪칠 일이 얼마나 많은가. 그런데 서로 인사하고 얘기하면서 지낸다면 서로 이해도가 높아지고 포용하게 되니 행복에 한 걸음 더 가까워질 수 있다. 물론 세상이 험한 까닭에 걱정과 염려의 목소리 역시 적지 않다. 따라서 선택은 각자에게 맡길 수밖에 없다.

이웃과 인사하며 살 것인가, 아니면 모든 사람을 의심하며 살 것인가. 분명한 건, 모든 사람이 알고 있는 상태가 가장 안전하다는 것이다. 보이지 않으면 누구도 도울 수 없고, 보인다 하더라도 모르는 사람을 돕기란 절대 쉽지 않기 때문이다.

봉사활동에서

가장 중요한 것은 순수성이다.

뜻밖에 나이가 들어

재능봉사에 의욕을 보이는 분들이 많은데,

일부는 자신을 대우해 주지 않으면

쉽게 짜증을 낸다.

자신의 명예욕을 채우기 위해 온

사람들일수록 더욱 그렇다.

12

아름다운 추억을 많이 만들자

초등학교 시절 친구와 태권도 학원에 다녔는데, 나는 파란띠까지 가서 그만두었고, 친구는 검은띠까지 땄다. 친구는 합기도 역시 검은띠까지 땄다. 하지만 나는 그것마저 중간에 그만두고 말았다.

그때 합기도를 가르치던 관장님은 아직도 깊은 인상으로 남아있다. 큰 키에 근육질 몸매, 딱 벌어진 어깨가 전형적인 무사 스타일이었기 때문이다. 그런데 오른손 새끼손가락과 약손가락 마디 두 개가 없었다. 대신 권위와 위엄이 있었다. 이는 오른손 손가락 두 개의 두 마디가 없었던 덕도 있었다. 온갖 상상을 불러일으켰기 때문이다. 이에 우리 사이에서 관장님은 하늘을 붕붕 날아다니는 강호의 숨은 고수쯤으로 여겨졌다. 그런 분에게 무술을 배우는 건 어깨가 저절로 으쓱거리는 일이기도 했다.

하루는 그 관장님을 사이에 두고 친구들 사이에서 논쟁이 불붙었다. 우리는 태권도 5단과 합기도 5단이 싸우면 과연 누가 이기냐를 놓고 한참을 티격태격했다.

"당연히 태권도가 이기지!"

"아니야, 합기도가 훨씬 더 세!"

그 모습을 가만히 지켜보던 관장님은 간단하고 명쾌하게 결론을 내주셨다.

"센 사람이 무조건 이긴다!"

난 합기도 쪽에 걸었다. 합기도 관장님 앞에서 벌어진 일이어서 나름 머리를 쓴 건데, 허무하게 무승부가 되고 만 것이다. 그래서 조금 섭섭하기도 했다. 그러나 그 덕분일까. 30년 가까운 세월이 흘렀음에도 불구하고, 관장님의 얼굴과 손마디, 합기도 술기(術技)를 지도해주시던 모습이 아직도 생생하게 남아 있다. 합기도를 가르치셨으니 합기도가 이긴다고 해도 되었으련만 올곧은 모습을 보여주어서 아직도 강렬한 인상으로 기억 속에 남아 있는 것이다. 특히 어린 제자들에게 '겉모습에 속지 말고 본질을 보라'는 멋진 말도 가르쳐주셨다. 당시에는 절대 이해할 수 없었지만.

조무래기들 입장에서야 태권도 5단과 합기도 5단이 싸우면 누가 더 세냐는 말싸움에서 이기는 게 중요했다. 하지만 그건 말 그대로 본질이 아니었다. 이에 아주 오랜 시간이 흐른 뒤에야 관장님의 말을 이해할 수 있었다.

삶의 본질은 과연 무엇일까. 삶의 본질을 두고 평생을 성찰하면서 도를 닦거나, 열심히 연구한 처지가 아니다 보니 이러쿵저러쿵 아는 척하다가는 욕 얻어먹기 딱 좋을 것 같아 여간 조심스러운 게 아니다.

젊었을 때는 남들보다 앞서고 싶은 마음에, 남보다 더 잘 살고 싶은 마음에, 남보다 멋지게 보이고 싶은 마음에 행했던 온갖 일들이 이제는 거추장스러울 뿐만 아니라 번거롭기조차 하다.

어디 그뿐인가. 소위 자기실현이라고 하는 것에 최면이 걸린 나머지 자신의 꿈인지, 남이 심어준 꿈인지도 모를 목표를 좇아 쉼 없이 달리기도 했을 뿐만 아니라 장밋빛 환상을 좇으며 무수한 시간을 낭비하기도 했다. 그러다 보니 나와 함께하는 사람들의 얼굴을 마주하며 마음을 살필 겨를이 없었고, 계절을 따라 피고 지는 소중한 자연의 변화도 모른 채 스쳐 지나가기 일쑤였다.

그러나 이제 어느 정도 나이가 들고 보니, 여유를 갖고 정말 소중한 것을 위해 뭔가를 해보고 싶다는 생각이 간절하다. 그러다 보니 친구들과 오랜만에 만나 이런저런 얘기를 나누면서도 생계 걱정, 자식 걱정 다음에는 보람과 성취감을 느끼는 삶에 대한 이야기가 꼭 한 자리씩 끼어든다. 특히 나이가 들어가며 한 번쯤 생각하는 것이 봉사활동이다. 나름대로 성공했으니 사회에 되돌려주고 싶다는 의식의 발로이기도 하고, 개인보다 더 큰 사회 공동체를 위해 기여하고 싶은 마음의 표현이기도 하다.

"나 같은 사람이 아주 많아. 그래도 대기업에서 부장까지 했는데 말이야. 아직 능력이 충분한데도 불러주는 곳이 없어. 그렇다고 어디 가서 막 노동을 할 수도 없고. 또 나도 살아야 하니까 돈으로 내기에는 좀 그렇고. 내 능력을 써주는 곳이 있으면 제일 좋지.”

대기업 부장으로 퇴직한 김정현 씨는 자신을 알아주는 사람이 없어서 서운함을 느낀다고 했다.

“삼성 반도체 사장했던 양반 있잖아. 그래, 황창규 사장 말이야. 그분이 21세기 뭐라더라. 거기 위원장으로 스카우트 되어서 갔잖아. 은퇴하고 나서, 그런 경우가 가장 부럽지. 그런데 그렇게까지는 아니더라도, 말하자면 돈은 받지 않더라도 그런 일을 하고 싶은 사람들이 적지 않단 말이지.”

확실히 그렇다. 수십 년의 사회생활을 하며 각 분야에서 쌓은 소중한 노하우와 경험을, 은퇴했다는 이유만으로 그대로 썩히는 건 사회적으로 봐도 낭비요, 과소비에 가깝다. 그런 경험과 지혜를 필요로 하는 곳과 연계되어 능력을 활용할 수는 없을까. 만일 그렇게만 된다면 개인적으로는 보람을 느낄 수 있어서 좋을 뿐만 아니라 혜택을 받는 사람들 역시 전문가로부터 컨설팅이나 멘토링 서비스를 받을 수 있으니 사회적으로도 적지 않은 효과를 얻을 수 있을 것이다. 그러니 그거야말로 일거양득이라고 할 수 있다.

많은 사람이 봉사활동을 한 번쯤 생각하곤 한다. 마음의 여유가 생겨 사회에 뭔가 기여하고 싶기 때문이다. 그럴 때 재능봉사를 해보는 것은 어떨까.

십 년 이상 한 분야에서 일했다면 이미 전문가라고 할 수 있다. 그 능력을 활용해서 봉사하는 것이 바로 재능봉사다. 그러나 단박에 달려들기가 망설여지고 주저하게 되는 건 어쩔 수 없다. 김치찌개 끓이면서 간 보듯이 짬을 내서 〈더하고 나누고 나눔 포털(http://nanumkorea.go.kr)〉 같은 사이트에 가끔 들러 보자. 사실 내가 필요한 곳이 뜻밖에 많다. 하지만 그 전에 다음과 같은 말을 명심해야 한다.

"봉사하러 오면서 자기 욕심을 들고 오는 사람들이 뜻밖에 많습니다. 그러다 보니 와서 화를 내며 돌아가기도 해요. 하지만 봉사를 하려면 모든 것을 내려놔야 해요. 봉사는 다른 사람을 대접해주는 일이에요. 내가 대접받으려고 하는 순간부터 괴로워지는 거죠."

봉사활동에서 가장 중요한 것은 순수성이다. 뜻밖에 나이가 들어 재능 봉사에 의욕을 보이는 분들이 많은데, 일부는 자신을 대우해주지 않으면 쉽게 짜증을 낸다. 자신의 명예욕을 채우기 위해 온 사람들일수록 더욱 그렇다.

무엇보다도 봉사는 자신을 내려놓는 것이 먼저다. 하지만 그것만큼 어려운 일도 없다는 게 봉사를 하는 사람들의 한결같은 말이다. 그들은 자신이 얼마나 이기적인 사람이고, 자신을 내려놓는 일이 얼마나 어려운지 봉사를 통해 배웠다고 말한다. 말로만, 생각으로만 되는 일이 아니라는 것이다. 그런 일을 몇 번쯤 겪고 나야 비로소 자신을 내려놓을 수 있었기 때문이다.

서두르지 말고, 조금씩 해보자. 사실 무늬만 봉사지 오히려 얻는 것이 더 많을 수도 있다. 말만 봉사지 실제로는 자신이 더욱 성장할 수 있는 일인 것이다. 봉사를 하면 내적인 성숙은 물론 인생 2막을 아름답게 가꿔갈 수 있기 때문이다. 더불어 살아가는 맛을 느끼는 건 보너스다.